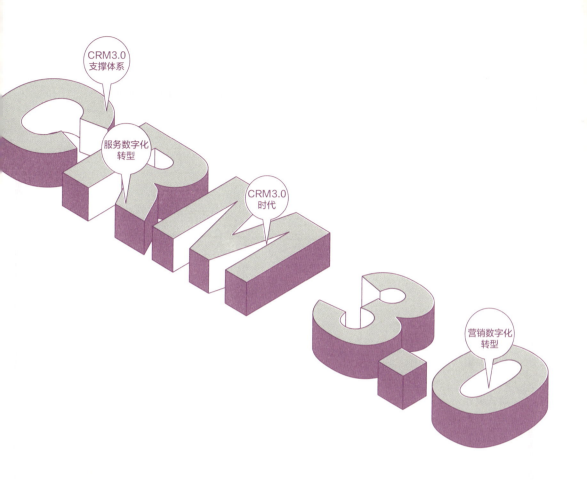

营销和服务数字化转型

CRM 3.0

时代的来临

杨 峻 编著

中国科学技术出版社

·北 京·

图书在版编目（CIP）数据

营销和服务数字化转型：CRM 3.0 时代的来临 / 杨峻编著 . —北京：中国科学技术出版社，2020.6

ISBN 978-7-5046-8662-6

Ⅰ.①营… Ⅱ.①杨… Ⅲ.①企业管理—营销管理—研究 Ⅳ.① F274

中国版本图书馆 CIP 数据核字（2020）第 090102 号

策划编辑	申永刚
责任编辑	申永刚　陈　洁
封面设计	锋尚设计
版式设计	锋尚设计
责任校对	张晓莉
责任印制	李晓霖

出　　版	中国科学技术出版社
发　　行	中国科学技术出版社有限公司发行部
地　　址	北京市海淀区中关村南大街 16 号
邮　　编	100081
发行电话	010-62173865
传　　真	010-62173081
网　　址	http://www.cspbooks.com.cn

开　　本	710mm×1000mm　1/16
字　　数	183 千字
印　　张	12
版　　次	2020 年 6 月第 1 版
印　　次	2020 年 6 月第 1 次印刷
印　　刷	北京盛通印刷股份有限公司
书　　号	ISBN 978-7-5046-8662-6/F・895
定　　价	69.00 元

（凡购买本社图书，如有缺页、倒页、脱页者，本社发行部负责调换）

推荐语

　　数字化、网络化、智能化大潮正引发社会各领域新模式、新手段的重大变革，构成一种"万物互联、智能引领、数据驱动、共享服务、跨界融合、万众创新"的新业态。在CRM营销和服务领域也正进行着这场重大转型升级：从传统的内部员工使用、聚焦产品功能的CRM，向C端和B端融合、以业务价值为核心、数据驱动的CRM转型升级。谁能抓住这个机遇，就很有可能成为新时代CRM的领跑者。作者根据自己20多年的从业经验，以独特的视角，介绍了CRM3.0以及营销和服务数字化转型的概念和模型，很有借鉴意义。

李伯虎

中国工程院院士、北京航空航天大学自动化学院名誉院长

　　营销和服务数字化转型是驱动企业革新、产业升级的关键，是驱动企业全链路重塑升级最有效的引擎。经营场景化、管理智慧化、业务数字化及产品智能化才是企业数字化的未来，才能使企业在数字化进程中实现业务突飞猛进的增长。现代化的客户关系管理将被数字化重新定义，以人为中心，数字化、智能化、场景化的定制服务，将成为推动用户高流量、高转化、高留存的强大驱动力。作者从战略层面、管理层面、技术层面等，系统分析了服务数字化转型、营销数字化转型、数字化转型支撑体系和数字化时代CRM3.0等模型及案例，对企业在数字化时代下提升核心竞争力具有极大的理论价值和实践意义。

荆伟

苏宁科技COO

数字化转型是企业工作的重中之重。为什么要做数字化？什么是数字化？怎样做数字化？数字化转型怎样才是成功的？我们对这些问题都必须认真思考与回答。移动互联网、物联网、5G与人工智能等新技术的兴起与逐步成熟，吹响了数字化的号角；更为关键的是，消费者与所有企业打交道的方式发生了彻底变化：消费者可以随时、随地以他们喜欢的任何方式、用任何设备与企业的产品、服务、员工、生态等打交道；消费者任性而又理性，他们可以因某个需求得到满足而买单，而且乐于分享在朋友圈，也会因某个不好的体验而投诉。企业的运营大致都有敏态与稳态两个部分：营销和服务面对消费者，对外，在前端，瞬息万变，就是敏态的；采购、生产、物流、财务和人力等管理类流程，对内，在后端，流程型，就是稳态的。企业的数字化转型，大多先从敏态着手，也就是从营销和服务出发，提高对市场和消费者的反应能力，提供极致服务；然后是智慧供应链，主要是协同大供应链的所有环节和内外部资源，提高效率，节约成本；再次是智慧决策体系，打通企业内外部数据，给企业的决策者、运营者、员工和生态伙伴们的即时决策赋能。作者基于多年的理论研究和实践，对营销和服务的数字化转型进行了深入浅出的阐述，对当下正忙于数字化或准备做数字化的企业具有非常高价值。

李福生

天士力控股集团CDO

经过新型冠状病毒肺炎疫情这个极其特殊的历史事件，对于我们每个人，无论在生活里的角色是什么，都经受了不同程度的考验。尤其是对于一个企业的经营者和管理者，最大的挑战和感受是数字化成了一个必选项，在这个时候，本书正当其时，相信能够帮助很多人更好地回答疫情后的必选题。

李丰

峰瑞资本创始人

杨峻是CRM咨询领域的前辈，对我亦师亦友，他在多年的CRM咨询和实践工作中积累了大量经验和提出了许多创新想法，最近发表了多篇关于营销和服务数字化转型的文章。他的每篇文章出来，我都迫不及待拜读，以期学习到更多的管理思想。近期听闻他将相关文章汇聚成书，以分享给更多读者，非常欣慰。

数字化转型是我所在的证券IT行业目前非常热门的话题。人们将数字化定义为"将人们所生活的真实世界和虚拟的数字表达连接起来，从而寻求全新的商业模式"。而转型落地的核心就是要把数据技术和数学算法显性切入业务流程中，形成智能闭环。同时任何企业都摆脱不了营销和服务工作，对于证券行业来说营销和服务更是特别重要。本书把营销数字化转型、服务数字化转型、数字化转型支撑体系等多个模块梳理得非常清楚，并在原Siebel理论模型的基础上，结合中国实际情况创立了ESP+、TAS+、MCI等多个方法论，对相关工作具有重要的指导意义。建议从事企业CRM咨询和实施工作的同事仔细阅读。

何江

第一创业证券CIO

序

　　说到营销和服务数字化转型，我们不得不说到CRM（客户关系管理）。CRM从广义上来讲，可以认为是企业为了提升核心竞争力，在市场、销售、服务、渠道和客户管理等方面采取的改善、创新或转型措施，可以是战略层面的，可以是业务模式、盈利模式和运营模式等战术层面的，可以是组织架构、考核和流程等管理层面的，也可以是数字化或信息化技术和系统等IT（信息技术）层面的。CRM从狭义上来讲，就是管理市场、销售、服务、渠道和客户等的IT系统。所以，营销和服务数字化转型是广义的CRM的一个领域；而狭义的CRM是指营销和服务数字化转型的载体和数字化工具，它是营销和服务数字化转型的理论和数字化技术的完美结合。

　　本书聚焦在CRM3.0时代、营销数字化转型、服务数字化转型和CRM3.0支撑体系四个领域，从理论体系、业务模式、价值产出、数字化工具等不同角度来阐述数字化时代的营销和服务数字化转型。图1把所有相关内容汇聚在一起，并勾勒出所有内容之间的关联性。

1. B2B销售

　　数字化时代的B2B销售可以归纳为守正、出奇和蓄势三部曲。守正是指大客户管理，大客户管理是道，也叫客户线管理，其更注重方向性、战略性，不追求短期目的。出奇是指销售过程管理，销售过程管理是术，也叫项目线管理，其更注重短期效果，以是否赢单作为衡量标准。蓄势是指销售支撑体系管理，销售支撑体系管理是势，也叫支持线管理。

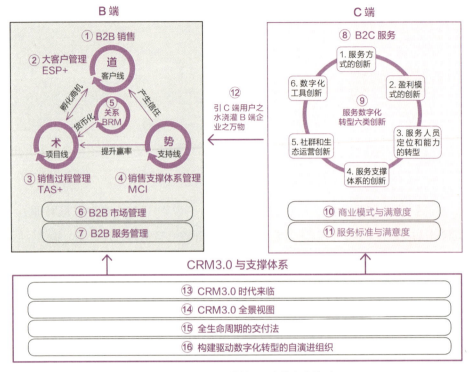

图1 CRM3.0——营销和服务数字化转型

2. 大客户管理ESP+

关于B2B销售数字化转型三部曲之大客户管理，本书优化了ESP（大客户管理）方法论，使其更有实战意义，取名为ESP+。大客户管理是以建立自身优势、隔绝竞争对手和孵化商机三个核心任务为主线，通过ESP+来落地。

3. 销售过程管理TAS+

关于B2B销售数字化转型三部曲之销售过程管理，本书优化了TAS（销售过程管理）方法论，使其更接地气、更高效、更有针对性和更容易落地，取名为TAS+。TAS+分成两大部分，十三个要素，内外协同，动静结合：对竞争对手要动，千变万化，克敌制胜；对销售人员要静，要高效、公正、透明，使他们安心地冲锋陷阵。

4. 销售支撑体系管理MCI

关于B2B销售数字化转型三部曲之销售支撑体系管理（MCI），也就是为企业建立系统性的优势，搭建企业的护城河。本书着重介绍了如何解决资源调度问题、过程协同问题和资源整合能力三大问题，提出了MCI方法。

5. 关系管理

构建企业的核心关系能力，即BRM（商业关系管理），需要管理四种企业核心关系资源：客户关系资源、企业关系资源、项目决策链和竞争对手关系资源。

6. B2B市场管理

B2B市场管理的五个主要组成部分为：①销售计划管理；②市场预算管理；③费用管理；④市场活动管理；⑤市场活动评核管理。

7. B2B服务管理

B2B服务管理数字化转型包括三个方面：①构建服务分级支撑体系；②实现服务产品化；③建立客户服务增值平台。

8. B2C服务

新时代，新服务。我们应该解放思想，通过服务来转型破局，再造添翼，使服务成为企业的核心竞争力，成为销售的开始。

9. 服务数字化转型六类创新

服务数字化转型包括六类创新：①服务方式的创新；②盈利模式的创新；③服务人员定位和能力的转型；④服务支撑体系的创新；⑤社群和生态运营创新；⑥数字化工具创新。

10. 商业模式与满意度

传统的服务商业模式与用户服务满意度之间存在着矛盾，从而影响了服务体验的提升。提出一种新的服务商业模式，通过网点平台化、服务人员创客化和收入生态化来最终建立更合理的商业模式，以便提升用户满意度。

11. 服务标准与满意度

企业想通过提高服务标准来提升服务满意度是一个误区，服务满意度其实是用户期望的服务与感知到的服务之间的差距。本书介绍了更合理、更有回报地管理用户满意度之五步骤。这五个步骤分别为：①合理制定服务标准；②适当降低用户期望值；③提升用户忍受阈值和适当为用户创造感动；④理性解决投诉；⑤全面监控突发事件。

12. 引C端用户之水浇灌B端企业之万物

本书介绍了如何以服务为抓手，通过五个步骤，引C端用户之水浇灌B端企业之万物。这五个步骤分别是：①去中心化，运营服务人员个体品牌；②整合触点，构建智慧服务平台；③服务代言，引爆社群；④生态并联，共创共赢；⑤服务调频，聚焦小区。

13. CRM3.0时代来临

本书介绍了国内20年来CRM发展的三个时代：①以产品为中心的CRM1.0时代；②以方案和最佳实践为中心的CRM2.0时代；③以业务价值和数字化转型为中心的CRM3.0时代。并且介绍了CRM3.0时代里必须具备的成功四要素：①理论体系搭建；②行业创新；③建立价值评估体系；④收费模式创新。

14. CRM 3.0全景视图

本书介绍了数字化时代作为一个完整意义的CRM所包含的内容，即数字化时代CRM3.0概念，它是对CRM的一个全景描述，其从甲方客户、CRM软件厂商、CRM实施商和CRM咨询商四个层面的诉求阐述了CRM。CRM3.0描述了完整的CRM应该包含的八个主要方面：①功能；②业务；③行业；④交付管理；⑤组织适配；⑥运营效率和业务价值监控评估；⑦数字化技术；⑧版本演进。

15. 全生命周期的交付法

本书介绍了如何通过全生命周期交付法来构建数字化时代的成功交付体系，聚焦在通过全生命周期交付法，实现如何由聚焦软件选型到聚焦数字化创新，由聚焦软件功能到聚焦业务产出，由聚焦项目上线到聚焦一个较长周期内的持续投入产出。

16. 构建驱动数字化转型的自演进组织

本书介绍了数字化驱动业务模式转型的五个步骤，也介绍了传统信息化部门、数字化赋能的数字化部门和数字化驱动自演进组织的区别，着重介绍了如何在集团层面构建驱动数字化转型的自演进组织，也就是只有"权力够大、层级够高、回报够诱惑"，才有可能在集团层面真正建立起驱动数字化转型的自演进组织。

有关CRM方面的问题可在公众号"CRM咨询"中与作者交流。

目 录

第 1 章

CRM3.0
时代来临

国内 CRM 市场 20 年随笔

∨

　　我从1999年3月开始在Siebel Canada核心研发团队开发Siebel 7.0，2002年10月回国后开了CRM公司，从事CRM这行20多年了。这20多年来经历了CRM市场的沉沉浮浮，希望与失望反复交替，现在就以一个亲身经历者的角度谈一下自己对国内CRM市场这20多年来的看法。

　　CRM市场的兴起历史其实并不太长，从某种意义上而言，Siebel CRM的崛起代表着CRM市场的兴起。Siebel公司于1993年建立，1995年Siebel CRM开始席卷全球，2000年时Siebel市值达500亿美元，而后就开始走向由盛而衰的道路。所以如果这么算的话，CRM也就有不到30年的历史。而国内CRM的兴起应该是在2000年前后，随着创智、Turbo CRM和MyCRM的崛起而出现，也就有20年左右的历史。

　　如图1-1所示，国内CRM市场从2000年以来一共经历了三个阶段。

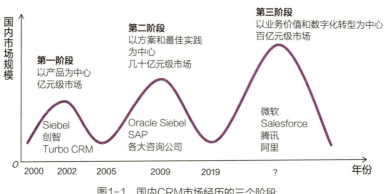

图1-1　国内CRM市场经历的三个阶段

一、第一阶段：CRM1.0时代
——以产品为中心的市场

当时市场规模并不大，是个亿元级市场，在2000—2005年这个阶段。这个阶段的CRM主要是按产品卖，有单机版、企业版等。那时候销售CRM产品时，主要演示产品界面，向客户介绍产品功能；同时介绍两层结构好还是多层结构好，是CS（Client/Server，客户端/服务器）结构好还是BS（Browser/Server，浏览器/服务器）结构好。

当时Siebel在国内使用并不广泛，而是国内厂商创智、Turbo CRM和MyCRM比较领先。不知道现在是否还有人记得创智，但它在当时确实在国内CRM领域如日中天。

另外一个不得不提的CRM公司是Turbo CRM。当时Turbo CRM号称国内最大的CRM厂商，2001年我在Siebel Canada时就有同事拿着Turbo CRM的资料给我看，当时这家企业就声称年销售额达到千万元级。

在这个市场阶段，国内市场太小，基本没有挣钱的厂商。当时我也开了一个CRM公司，开发和销售CRM产品：融博客户通单机版、中小企业版和大企业版，在联邦软件的管理类软件销量排名中还进入前五名，但真的卖不了多少套，也不挣钱。

二、第二阶段：CRM2.0时代
——以方案和最佳实践为中心的市场

2005年之后，受电信、能源、金融和汽车等行业需求强劲的影响，涌现出华为这样的大客户，同时很多公司IPO（Initial Public Offerings，首次公开募股）募资投向之一是CRM，因此国内CRM市场进入了一个快速上升通道。

这期间很多项目是国际大咨询公司推动的，例如IBM、AC和凯捷等。由于具有国际化背景的大咨询公司的主导，这期间的项目规模也较大，而且CRM顾问收费也较高。记得我于2007年负责银行和证券CRM项目时，一期都是2000万元左右的规模，最普通的顾问收费都是3000元/（人·天），IBM当时报给我的资深顾问收费都是15000元/（人·天）。而且那时候客户对CRM厂商也非常尊敬，给顾问提供的工作环境也很好。

　　此期间比拼的基本都是最佳实践和行业解决方案，国内CRM公司由于在这方面缺乏积累，而且也没有国际化咨询公司协助推广，所以基本上与大客户无缘。在此期间，CRM市场上基本是两家公司在比拼：Oracle Siebel和SAP CRM。

　　所以在2007—2011年这波CRM热潮中，还是有很多企业收获了红利的。这个阶段的CRM市场可能具有几十亿元甚至百亿元的规模。

三、第三阶段：CRM3.0时代
——以业务价值和数字化转型为中心的市场

　　2012年，我在IBM GBS负责Oracle Siebel解决方案时，就非常明显地感觉CRM市场在逐渐萎缩。首先是单子的规模变得越来越小，原来千万元级的项目现在萎缩成几百万元级，而且一打单，主流厂商和各大咨询公司蜂拥而至，CRM市场已变成了一个红海战场。

　　2019年对CRM市场来说是非常艰难的一年，2020年也可能更困难。目前，只要从各大咨询公司CRM团队的人员数量就可以看出CRM市场规模萎缩的趋势。但2019年也是CRM市场希望骤起的一年，从国际上来说，在所有软件公司并购中，CRM软件公司数量占比是最大的；从国内来说，BAT对CRM领域投入不断加码，各类资本也不断涌入2B市场，尤其是数字化赋能和转型领域。

　　我认为不是CRM市场在萎缩，而是传统CRM领域在萎缩，而新的CRM领域在快速涌现和爆发。我认为在过去10多年里，以下四方面原因加速了传统CRM领域的萎缩。

1. 业务价值的缺乏

过去10多年里，CRM咨询是以PPT交付件为标准的，CRM产品是以系统上线为标准的。项目的收费与否及收费多少与是否给客户产生业务价值没有直接关系。现在，这种CRM模式越来越难被客户接受。头部企业基本上都已用了一轮甚至几轮CRM产品，他们与CRM的"蜜月期"已过，由憧憬期进入了冷静期。如果我们不能从业务价值、投入产出中打动客户，那么客户是不愿盲目进行大规模投入的。

2. 客户本身能力的提升

大量咨询公司工作的专家现在纷纷加入甲方，你会发现头部企业的CIO（首席信息官）、CTO（首席技术官）和CDO（首席数字官）很多来自IBM和AC等咨询公司。所以，现在头部企业在CRM的咨询能力和自开发能力并不比乙方弱，很多项目都在甲方内部自己解决了。

3. CRM云化

如今CRM云化逐渐成为主流，因为采用租用方式，每年所需费用不高，所以就很难开展一个大的CRM项目。

4. 经济增速变缓

目前各个行业都不太好过，因此对咨询和信息化项目的预算自然就有所减少。

爆发的新的CRM领域是在传统CRM与业务模式、业务价值和数字化技术融合的领域，这是CRM竞争的新赛道，我称之为CRM3.0时代。从市场而言，并不是CRM项目少了，而是没有业务价值、没有业务创新的CRM项目少了。未来10年，针对国内企业来说，一定是数字化转型和数字化创新风起云涌的10年，也一定是一个万亿元级的市场，也是CRM最大的机会，即如何帮助企业在营销、服务、客户和渠道管理领域，通过数字化模式、数字化技术和数字化资产积累，形成企业核心竞争力，并产生可衡量的巨大业务价值。这一定是CRM领域未来10年最大的市场，也是一个百亿元级甚至千亿元级的市场。哪家CRM企业可以满足这波市场的需要，也就可以分享这波红利。

如图1-2所示，要想赢得这个市场，我认为企业必须具备四个方面的关键能力：

（1）**搭建理论体系**　现行的CRM的理论体系都是20年前形成的，可以认为是信息化时代的产物，而在数字化时代，我们必须有新的CRM理论体系，如此才有可能构建百亿元级甚至千亿元级的市场。

（2）**进行行业创新**　我们必须有针对行业的新模式（业务模式、盈利模式和运营模式等）、新流程、新组织、新考核和新功能等。

（3）**建立价值评估体系**　我们必须有可落地的CRM业务价值评估体系，若仍以PPT交付件和系统上线为标准已经很难说服客户了。

（4）**创新收费模式**　除云收费模式外，必须积极探索新的收费模式，比如代运营，根据业务价值产出分成；再比如构建CRM领域生态平台，通过收取平台费的方式帮助在平台上的企业对接需求和供给等。

图1-2　CRM3.0时代企业成功的四个方面的关键能力

CRM3.0时代，我认为微软、Salesforce、腾讯和阿里四家更有优势。但是到目前为止，市场上还没有一家在理论体系、行业创新、价值评估体系和收费模式创新这四个领域构建出自己很宽很深的护城河。在数字化时代，CRM市场呼唤新的王者出现，时势造英雄，相信在不远的将来，会出现一个数字化时代CRM的主导者。

　　作为CRM的从业者，我也希望2020年之后的10年，是数字化时代CRM再次崛起和腾飞的10年，市场一片红红火火。

小结　>　本节介绍了国内20多年来CRM发展的三个时代：①以产品为中心的CRM1.0时代；②以方案和最佳实践为中心的CRM2.0时代；③以业务价值和数字化转型为中心的CRM3.0时代。同时介绍了企业在CRM3.0时代里必须具备的四个方面的关键能力：①搭建理论体系；②进行行业创新；③建立价值评估体系；④创新收费模式。

构建 CRM3.0 全景视图

∨

最近很多朋友问我："营销和服务数字化转型与CRM是什么关系？数字化时代的CRM到底是什么？"我在本节中介绍一下作为数字化时代一个完整意义的CRM到底包括哪些内容，即CRM3.0到底包括哪些内容。

赢几个客户，靠关系；赢某个行业的客户，靠行业解决方案；赢多个行业的客户，靠CRM理论体系；赢全球的客户，靠CRM文化输出。所以，CRM领域相关厂商应该努力构建自己的CRM理论体系和CRM文化，这样才能建立和加宽本身的护城河。

我在2000年前后于Siebel Canada开发Siebel 7.0时，认为CRM就是联系人管理、客户管理、商机管理、活动管理等软件功能；待2002年回国后和朋友开了第一家CRM公司，销售CRM产品"融博客户通"时，我认为CRM是软件产品，分成个人版和企业版等；当2012年我在IBM GBS负责国内Oracle CRM解决方案及和朋友做金融数字化解决方案公司时，我认为CRM是方案、最佳实践、方法论和PPT；当我在海尔负责全球服务数字化创新和信息化建设时，我认为CRM是业务价值、创新和转型。由此可见，我们站在不同的角度，对CRM的理解和需求是不一样的，这也是为什么CRM总是难以达到客户期望的一个主要原因：大家的评判标准是不同的。

CRM目前的基本分类仍然沿用20年前陈旧的方法，分成操作型CRM、分析型CRM和协作型CRM，后来有了社交型CRM；论功能又分成市场管理、销售管理、服务管理、渠道管理、会员管理等。这种CRM定义是平面的，只聚焦于软件功能。它的问题在于：

1）没有体现出CRM与客户业务模式、组织、岗位、考核等重要因素之间的关系。

2）没有体现客户对业务价值产出的要求。

3）没有考虑数字化时代的各种变化，如新零售和各种数字化技术。

4）没有考虑行业性等特色。

我设计了数字化时代CRM模型——CRM3.0全景视图（图1-3）。在介绍之前，我说一下自己对数字化时代CRM的观点：并不是用了数字化技术才叫数字化时代的CRM。而是数字化时代中CRM能满足客户，给客户带来价值，才叫数字化时代的CRM。数字化技术仅仅是工具，而我们的目的是在数字化时代给客户带来价值。

图1-3描述了CRM3.0全景视图组成部分。之所以叫全景视图，是因为它是全方位的，它从甲方客户、CRM软件厂商、CRM咨询商和CRM实施者四个层面的诉求阐述了CRM，由八个部分组成：①功能；②业务；③行业；④交付管理；⑤组织适配；⑥运营效率和业务价值监控评估；⑦数字化技术；⑧版本演进。

下面就对CRM3.0的八个主要组成部分进行介绍。

图1-3　CRM3.0全景视图

一、功能

1. B2B模式

（1）市场管理　在B2B模式下，CRM有没有市场管理这块一直存在很大争议。很多人认为B2B没有市场管理。我认为有，但不是传统意义上的市场推广。针对B2B模式，市场管理应该由五个部分组成：①销售计划管理；②市场预算管理；③费用管理；④市场活动管理；⑤市场活动评核管理。

（2）销售管理　B2B销售管理主要由大客户管理（ESP+）、销售过程管理（TAS+）和销售支撑体系管理（MCI）三个部分组成。此外，它还包括企业核心关系能力管理（BRM）等内容。

（3）服务管理　B2B不同于B2C，尤其是大项目，由于交付过程非常复杂，有很多定制化服务，往往是哪个团队交付就哪个团队负责服务。所以，B2B服务往往聚焦三个方面：①构建服务分级支撑体系；②实现服务产品化；③建立客户服务增值平台。

（4）合作伙伴管理　B2B企业往往是解决方案式销售，渠道往往叫合作伙伴，合作伙伴也经常根据负责的解决方案、行业和地区等不同而采用不同的管理方式，例如有针对行业的合作伙伴，有针对某个解决方案的合作伙伴，有针对某个地区的合作伙伴，有针对某个大客户的合作伙伴。B2B合作伙伴的管理要点是建立最佳合作伙伴分类和覆盖机制，建立合作伙伴的共享和培训机制，建立合作伙伴的商机报备机制等。

2. B2C模式

（1）服务管理　服务数字化转型涉及服务的再定位，即如何规划设计转型，以及如何从服务方式、盈利模式、服务人员定位和能力、服务支撑体系、社群和生态运营及数字化工具六个方面进行创新，以及如何利用C端用户赋能B端业务等。

（2）市场管理、销售管理、渠道管理和会员管理

B2C的市场、销售、渠道和会员管理往往和新零售相关联，这部分的研究

很多且很深入了，此处就不做过多介绍。

二、业务

任何CRM项目光有功能是上不了线的，它一定涉及业务。业务是由模式、组织、岗位、考核和流程五个方面决定的。

项目规划流程如图1-4所示。

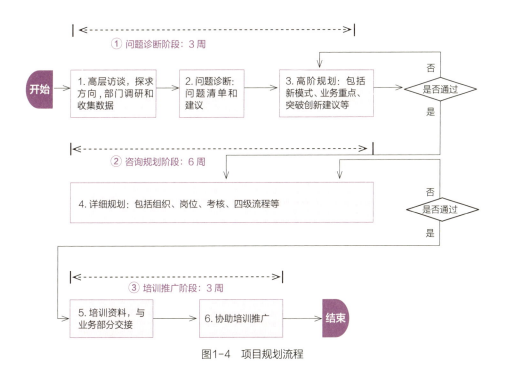

图1-4 项目规划流程

三、行业

每个行业的特色都是不相同的，也不存在某个CRM可以满足所有行业的可能，所以我们制订的CRM方案一定要有行业特色。但另一方面，我们一定要同时考虑跨行业的借鉴。有些痛点在本行业中是没有解决方案的，因为本行业标杆企业也无法解决，所以这时候我们必须跨行业去找解决方案，因为这个痛点有可能在其他行业里是有方法轻松解决的。

四、交付管理

目前，各个公司CRM交付方法与我在20年前于Siebel工作时使用的交付方法大同小异。20年前，我们可以把CRM看成一个软件，上线后只要能共享数据和具有自动化流程就可以；但20年后数字化时代的今天，企业普遍把CRM当成在客户管理、市场推广、销售服务、渠道管理等各个领域的数字化转型、模式变革和流程创新，企业普遍要求业务价值的产出。所以在数字化时代的今天，CRM交付方法也需要与时俱进。我提出采用全生命周期交付法，使CRM项目的交付发生三个方面的转变：①由软件选型到数字化创新；②由聚焦软件功能到聚焦业务产出；③由聚焦项目上线到聚焦一个较长周期内的持续投入产出。

图1-5是CRM全生命周期交付法全景图。企业切忌对CRM"只生不养"，不要把钱都投到软件上线阶段，而在之后的运营阶段舍不得花钱；不要只关注SOW（Scope of Work工作说明书）功能，而忽略了业务价值。

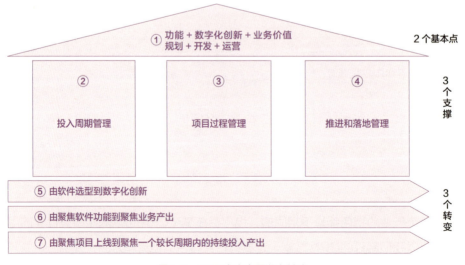

图1-5　CRM全生命周期交付法

五、组织适配

传统的IT部门是以软件项目上线及软硬件安全和正常运行为目的建立的，其与业务部门的融合性较差，又往往由于是成本中心，在业务部门也没有话语权。我们要想做数字化转型，让CRM系统产生业务价值，就得在企业内构建能驱动数字化转型的架构和机制。

六、运营效率和业务价值监控评估

CRM上线后，评估项目是否成功是非常困难的，也一直没有标准出台。我们应该构建评估模型，根据运营指标和业务价值指标的各个维度来评估CRM是否成功，而且模型和指标一定是为行业和该企业量身定制的。

七、数字化技术

涉及CRM的各种技术，是基于云端的还是在本地安装的，采用了什么技术架构，采用了什么数字化技术，如移动、大数据、人工智能（AI）、物联网、社交软件、云、人脸识别、地图、区块链等。

八、版本演进

前面说到，CRM会与时俱进，不断迭代演进，产生新的版本。数字化时代的CRM也称为CRM3.0。

小结 > 本节介绍了数字化时代作为一个完整意义的CRM到底包括哪些内容。CRM3.0是对CRM的一个全景描述，它从甲方客户、CRM软件厂商、CRM咨询商和CRM实施者四个层面的诉求阐述了

CRM。它描述了完整的CRM应该包含的八个主要方面：①功能；②业务；③行业；④交付管理；⑤组织适配；⑥运营效率和业务价值监控评估；⑦数字化技术；⑧版本演进。

第 2 章

B2B 营销和服务数字化转型

B2B 销售数字化转型

∨

目前，数字化转型在各行业头部企业中如火如荼地进行着，尤其是在零售、服务、制造、供应链和研发等领域。但数字化转型在B2B销售领域没有太大动静，该领域仍然沿用着几千年来传统的方式，就是做关系（信任你）+ 做方案（打动他）。说到理论水平和实践能力，2000多年前战国时期的策士，如苏秦和张仪这样的谋略家，做方案和做关系的水平比我们要高明很多。

B2B销售有可能是最难被人工智能取代的领域之一。B2B销售之所以很难做大规模数字化转型，是由它的特点决定的：B2B的很多交互和决策过程是不可见的，客户中相关人员的决定受到了方方面面显性和隐性因素的影响，而且影响的程度随着时间和进程的变化而不断改变，所有这些都很难用数字化描述，因此也就很难通过数字化进行再造。

在介绍销售过程管理之前，需要澄清一个问题。由于B2B销售的特殊性和复杂性，我们不可能用数字化工具全程去监控销售和客户的接触，去评估客户的体验，那没人敢跟你做生意了；也不可能通过客户对我们方案的一个反馈去评估赢单率，因为B2B 生意的决策机制非常复杂。并不是一定用了酷炫的数字化技术才叫数字化时代的B2B销售。而是在数字化时代B2B销售能满足客户需求，给客户带来价值，才叫数字化时代的B2B销售。在数字化时代，给B2B销售带来新的理念、新的模式，就是数字化时代的B2B销售。

在数字化时代，我们要想通过数字化工具提升企业B2B销售能力的话，除了对冰山之上的部分（即销售过程）做数字化管理和创新，也要对冰山之下的部分（即大客户管理和销售支持管理）做数字化管理和创新。赢单讲究水到渠成，顺势而为。在形成优势的过程中，很多工作是不可见的，如大客户管理和销售支撑体系管理，这两个部分往往被忽略，但又是最基础和最核心的部分。

如图2-1所示，我们可以将数字化时代B2B销售归纳为守正、出奇和蓄势三部曲。守正是大客户管理，出奇是销售过程管理，蓄势是销售支撑体系管理。

1）大客户管理是道，也叫客户线管理，其更注重方向性、战略性，不追求短期目的。它讲究的是守正、惠人达己、先舍后得。如果在大客户管理中过于注重短期回报，关系一定很难持久，生意也会起起落落。所以，大客户管理的目的是在一个长时间周期内，针对这个大客户持续提升项目的质和量，从而产生可持续的最大化的回报。

2）销售过程管理是术，也叫项目线管理，其更注重短期效果，以是否赢单作为衡量标准。它更讲究诡道，在打单过程中出奇谋，所谓的兵无常势，水无常形，因敌变化而取胜。销售过程管理就是把大客户管理中我们建立的关系及销售支撑体系中我们本身的能力变现的过程。销售过程管理的方法很多，也较完善，比如TAS方法论等，都在实践中应用得比较成功。

3）销售支撑体系管理是势，也叫支持线管理。B2B的销售，尤其是大单的销售可能历时半年、一年，甚至几年，涉及内外部公司高管、各条方案线、交付线、产品线、测试线和外部专家支持和配合的问题，一步错可能满盘皆输。一个大项目赢不了基本上可以从关系不到位和支撑资源不到位中找原因，并且支撑资源对赢单的重要性越来越大，而企业内部往往缺乏如何调用最优质的资

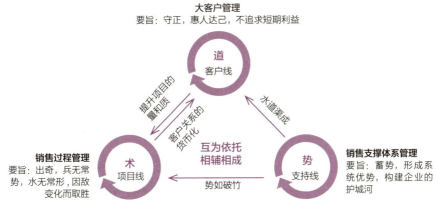

图2-1　B2B销售管理

源投向最有价值的项目的机制。所以，构建最合理且最高效的销售支撑体系是在为企业建立系统性的优势，构建企业的护城河。

图2-2是随着公司规模的增长，B2B销售三大组成部分价值产出增长曲线示例。

销售过程管理是术，是技巧，容易掌握，但随着公司规模的增加，效果会逐渐减弱；大客户管理是道，它可以建立稳定的客户关系，产生持续收入，随着公司规模的增加和时间的流逝，效果会逐渐增强；销售支撑体系管理是势，公司规模越大，其产生的势能也呈几何级数成长，形成公司的护城河，不战而屈人之兵。所以从短期来说，销售过程管理最容易见效；从长期来说，销售支撑体系管理最为核心。

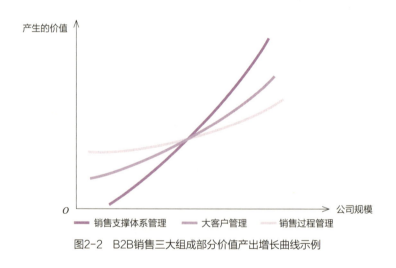

图2-2　B2B销售三大组成部分价值产出增长曲线示例

小结 ＞ 本节介绍了B2B销售可以归纳为守正、出奇和蓄势三部曲。守正是大客户管理，大客户管理是道，也叫客户线管理，其更注重方向性、战略性，不追求短期目的。出奇是销售过程管理，销售过程管理是术，也叫项目线管理，其更注重短期效果，以是否赢单作为衡量标准。蓄势是销售支撑体系管理，销售支撑体系管理是势，也叫支持线管理。

B2B 销售之大客户管理（ESP+）

前文介绍了CRM3.0中B2B销售数字化转型由三个部分组成，即守正、出奇和蓄势三部曲。在B2B销售三部曲中，大客户管理是看似容易，但其实是最模糊和难落地的部分。大客户管理体系之所以难建，是因为它很难量化和评估。销售过程管理也就是从商机到合同，从合同到现金的过程，完全可以从合同额、回款、利润、成本、项目交付质量和周期等数字化指标去评估投入产出，但大客户管理衡量的指标和产出很难量化，也就是很难评估要投入的成本和产出之间的关系，从而在企业层面很难下决心投入很大的资金和人力。另外，大客户管理和销售过程管理都涉及客户管理，双方关于边界在哪里，如何在组织、人员、资源和流程上分配和衔接，如何进行业绩和责任的分解，也存在一个很大的模糊空间，致使很多企业一直无法建立起完善的大客户管理体系。

大客户管理是春季播的种子，赢单是秋季结的果实。因此要想在几年后果实累累，我们就得建立系统的、完善的和高效的大客户管理机制。

本节主要介绍大客户管理的要素和管理模型ESP+。

一、大客户管理五要素

进行大客户管理首先要做到三知：知道谁是大客户，知道谁来负责大客户，知道如何管理大客户。然后制定策略和战术，最后通过动态评估机制来评估。另外，要做到三察：洞察大客户是否合格，洞察销售是否合格，洞察管理机制是否合格。

如图2-3所示，我们分别介绍一下大客户管理五要素（WHCSE）：

①如何判定大客户（Who）；②如何管理大客户（How）；③谁负责大客户（Coverage）；④策略和战术（Strategy）；⑤动态评估（Evaluate）。

图2-3　大客户管理五要素（WHCSE）

1. 如何判定大客户（Who）

很多企业对大客户的判定主要是看销售额。由于客户去年产出很多项目，今年就把该客户定位成大客户，给了更高的销售指标，致使负责该客户的销售人员无法完成任务，从而被迫离职。

大客户管理不能追求短期利益，我们进行大客户管理的初衷是：在持续足够长的时间里，这些客户将会对公司业绩产生举足轻重的作用，从而我们需要在这些客户身上投放更多的资源和精力。销售额仅仅代表着过去，而不是未来，所以以此为依据会使资源错配，业绩起起伏伏，销售人员不停更换。

如图2-4所示，在判定大客户时，建议采用综合积分法：将客户在销售额、潜力、示范作用和能赢能做四个维度的得分乘以权重，以相加累计之和计为客户总得分，再根据积分排名取前几名作为大客户。

由于不同行业或不同类型客户差别很大，我们可以针对不同行业或不同类型客户，设置不同的区间得分阈值，尽量做到相对公平。

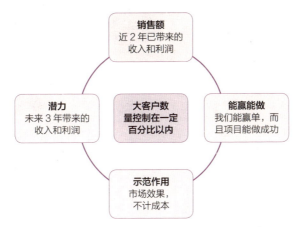

图2-4 综合积分法进行大客户判定的四要素

2. 如何管理大客户（How）

在Siebel中，有一套大客户管理的方法——ESP（Enterprise Selling Process，大客户管理）。但因为内容比较抽象，而且没有详细的落地步骤和流程，所以在国内应用得并不太好。我根据项目实际经验，优化了ESP方法，取名为ESP+。

3. 谁负责大客户（Coverage）

大客户是由地区分公司或办事处负责，还是由大客户管理总部负责，这个问题涉及销售业绩和个人收入，因此争议会很大，很多公司也总是调来调去。我个人建议，在开始时，存量大客户仍由地区销售负责，大客户管理总部聚焦对大客户的资源支持、动态评估和考核，以及对地区销售的任务分派、指导、培训和支持。至于销售业绩，可以双算。

如图2-5所示，①大客户仍由地区销售直接负责。

②地区销售由当地分公司或办事处负责人直接管理，但要向大区大客户总监汇报，大区大客户总监对地区销售进行任务分派、指导、培训和支持。

③大区大客户总监不直接管理大客户，聚焦对大客户的动态评估和考核，以及在各个环节提供专家、方案和预算等资源支持。

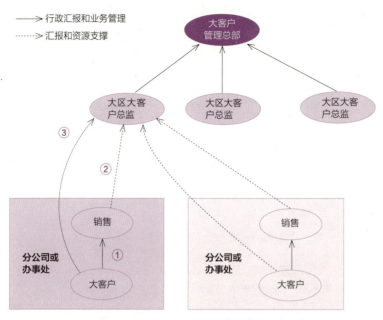

图2-5　大客户负责关系建议

下面是在某个项目中，我给大区大客户总监制定的工作职责，仅供参考：

1）大客户相关项目的立项评估和审批、交付资源的调用、售前和售后阶段项目进展的跟踪。

2）应办事处销售要求，针对大客户项目做售前支持（例如，在商机立项前和交付团队售前专家到位前）。

3）负责区域内工程商、集成商、设计院等各种合作伙伴拓展和结盟整体布局。

4）协调和安排办事处和解决方案部的资源跟进，支持重要合作伙伴。

5）和办事处建立紧密的互动关系，定期培训办事处销售、售前和技术支持人员。

6）业务督导办事处行业销售，听取其汇报，指导其工作。

7）在大客户基础比较差的地区，承担大客户项目的销售角色（补位）。

8）承担大客户销售任务。

9）负责其所在大区内大客户的整体布局规划、发展战略的制定、主推方案推荐、市场推广活动筹划和组织。

10）大客户关怀和提升。

11）与渠道部门建立合作伙伴体系，为集成商、工程商、方案商、关系型合作伙伴等。

4. 策略和战术（Strategy）

在大客户管理过程中，我们始终要根据动态评估的结果定义和调整客户策略和战术。这个其实就是"大客户管理ESP+模型"中的定目标策略。

5. 动态评估（Evaluate）

如图2-6所示，在大客户管理中我们需要从三个方面去动态评估：

1）客户重要性：也就是通过综合积分法去评估大客户。这个评估频率可以是三个月一次或半年一次。

2）客户需求和自身能力：就是分析客户3个月内、3~12个月、1~3年这三个阶段对我们的相关产品、方案和服务的需求，也就是我们将要孵化的商机。同时还要评估为满足这些需求，我们的能力和资源差距。这个评估频率建议是一个月一次或三个月一次。

3）关系紧密度：用来评估我们和客户之间关系发展情况。这个评估频率建议是一个月一次，而且有些部分可以用软件系统自动统计。

图2-6　动态评估

二、大客户管理（ESP+）的概述

在介绍ESP+之前，先简单介绍一下传统的ESP方法。

如图2-7所示，传统的ESP只给了一个大客户管理的思路，但没有太具体的落地措施。所以，我原来在给一些客户设计ESP时，要比TAS（销售过程管理）困难很多，在如何具体落地上非常难设计。我接触了很多企业，它们也基本是在TAS中设计得很详细完善，在ESP（大客户管理）上规划得却很少。

如图2-8所示，我认为大客户管理的核心产出是孵化商机，只要牢牢抓住三大核心任务，就有抓手，就可以落地大客户管理。

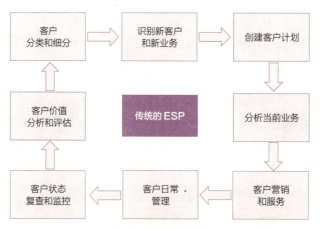

图2-7　传统ESP方法

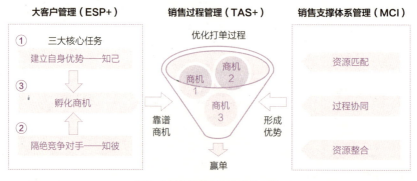

图2-8　B2B销售三大主线概览

（1）**建立自身优势**　此任务分成两个部分，其一是建立自己的关系优势，其二是建立自己的方案优势。这是知己，即了解自己，也了解客户和自己的关系，并提升自我优势。

（2）**隔绝竞争对手**　此任务分成两个部分，其一是隔绝竞争对手和客户的关系，其二是使竞争对手的方案处于劣势。这是知彼，既了解竞争对手，也了解客户和竞争对手的关系，并使竞争对手处于劣势。

（3）**孵化商机**　对已有线索，要加速立项，使其成为商机；对潜在线索，要引导催化，使其立项，成为商机。

通过优化ESP模型，并聚焦以上三大核心任务，我设计了ESP+模型（图2-9）。

ESP+以大客户管理的三大核心任务为主线。

（1）**建立自身优势和隔绝竞争对手——关系层面**

1）定义在关系上的优势：第3步，定义个体关系；第4步，描述个体画像。

2）规划如何在关系上建立优势：第6步，做规划，定策略。

3）执行在关系上建立优势的行动：第8步，制订行动计划；第10步，客户拜访管理。

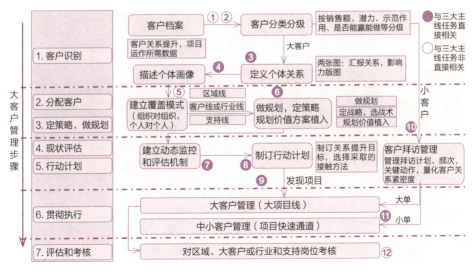

图2-9　大客户管理ESP+模型

（2）监控自身优势和隔绝竞争对手状态——关系和方案层面　第7步，建立动态监控和评估机制。

（3）孵化商机　孵化商机与销售过程管理（TAS+）打通：第9步，发现商机后，与大客户管理（与大项目线）打通；第11步，客户拜访过程中发现商机，与中小客户管理（项目快速通道）打通。

（4）建立自身优势和隔绝竞争对手——方案层面　规划价值方案植入：第6步，做规划、定策略中的规划价值方案植入。但仅仅依靠销售人员或售前人员，要建立方案优势还是很困难的，我建议在体制上建立优势。在体制上建立方案优势的方法如下：

1）建立客户引领专家团队。如图2-10所示，我们绝大多数B2B企业的客户经理、方案经理和售前专家都是交易驱动型的，每个季度都要完成规定的销售额，下一年都不知道还是否负责该客户，所以无论是从主观意愿上，还是从客观能力上，都不可能完成提前布局和客户引领的任务。

所以针对大客户管理，我们一直欠缺客户引领专家或客户导师这样的岗

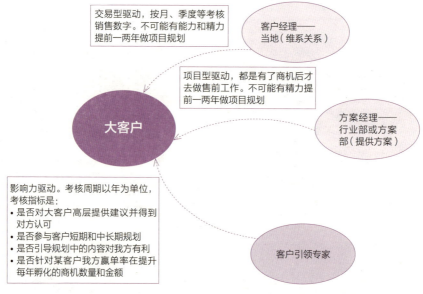

图2-10　建立客户引领专家团队

位。客户引领专家既可以是内部的专家，也可以是外部的专家；既可以是一个人，也可以是一个团队。他们的主要定位是在方案上长期影响大客户高层，考核周期是按年为单位的，考核指标是：①是否对大客户高层提供建议并得到对方认可；②是否参与客户短期和中长期规划；③是否引导规划中的内容对我方有利；④针对某个客户，我方的赢单率是否在提升；⑤每年孵化的商机数量和金额。

2）客户引领专家、客户经理和方案经理形成"铁三角"。如图2-11所示，原来只有客户经理和方案经理，双方的工作基本就是围绕着打单进行。有了客户引领专家后，通过客户引领专家的提前布局，帮助方案经理植入方案，也帮助客户经理孵化商机。

3）"铁三角"相互配合，共创共赢。如图2-12所示，只有有了客户引领专

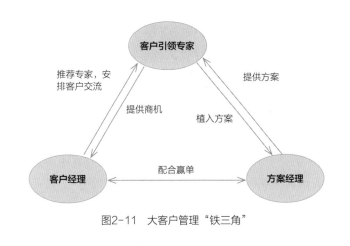

图2-11　大客户管理"铁三角"

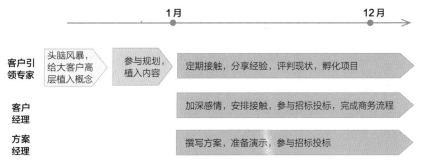

图2-12　"铁三角"协同配合示例

家，企业才有可能提前布局，抢占先机。

三、大客户管理（ESP+）的详细步骤

（一）客户识别

1. 客户档案

客户档案包含企业客户的360度信息描述，这部分信息根据不同行业和不同项目需求而定，不做详细介绍。

2. 客户分级

客户分级有三种：①基于客户购买产品的权益划分，也就是根据服务等级协议（SLA）划分，我们叫权益分级；②基于贡献度、潜力、能赢能做、示范作用等维度综合计算评分而划分，这种往往是为了定义责任关系，即该客户属于哪个团队并由谁负责，我们叫管理分级；③按九宫格划分，这种往往是为了制定客户战术，如重点要提升哪类客户，以及维持哪类客户等，我们叫战术分级。

（1）权益分级　权益分级是指企业根据客户购买的产品和带来的销售额，通过合同的形式，给客户不同的服务等级。权益等级越高，服务范围越大，相应的服务时间越短。

（2）管理分级　在管理分级中，对大客户的分级方法可参考前文的综合积分法，如图2-4所示，此处不再重复论述。

（3）战术分级　我们通过九宫格的方法对客户进行分类，然后对不同类别的客户采用不同的管理策略。如图2-13所示，我们重点提升的客户一定是C类客户，即那些潜力大，但贡献度不高的客户；对D类这些潜力不大的客户，我们不必投入太大；对A类和B类成熟期的客户，我们保持合理的投入。

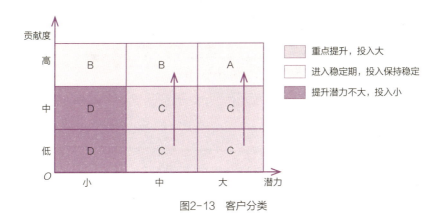

图2-13　客户分类

3. 定义个体关系和描述个体画像（图2-14）

这一步是为了实现"建立自身优势和隔绝竞争对手"的重要一步，它反馈的是我们和竞争对手的关系优势。这也是衡量与客户关系紧密度的重要维度。如何在关系上建立自身优势和隔绝竞争对手？在大客户管理中，我们就是要清楚地描述己方和竞争对手与客户的两种关系（汇报关系和影响力版图），以及客户重要角色的四类个体画像维度（行为取向、关系状况、交互程度和重要程度），并通过不断努力使之向有利于己方的方向发展。

但这种方法还属于初级方法。要想真正构建企业的核心关系能力，即BRM，需要管理四种企业核心关系：客户关系图谱、企业关系资源图谱、项目决策链和竞争对手关系资源图谱。这部分会在后面构建企业核心关系能力（BRM）中介绍。

（1）大客户管理两种关系

1）汇报关系：行政上的汇报关系是显性的，是比较稳定的，与项目没有关系，其应该列入大客户管理（ESP+），通过销售过程管理（TAS+）完善。

2）影响力版图：按照影响力和所属圈子构建的影响力版图是隐性的，是比较稳定的，与项目没有关系，其应该列入大客户管理（ESP+），通过销售过程管理（TAS+）完善。

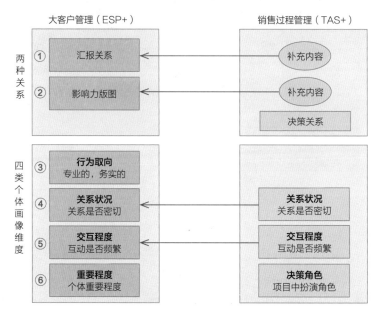

图2-14　大客户管理两种关系和四类个体画像维度

（2）四类个体画像维度

1）行为取向：是指该客户员工的决策依据，比如专业型、务实型、专业务实型、务实专业型、均衡型等。这个是个体本身具备的特性，与项目无关，所以列入大客户管理（ESP+）。

2）关系状况：描述该客户员工对我们的态度，比如强正向、正向、中立、负向和强负向等。此处分成两个部分，一个是总体态度，另一个是在这个项目中对我们的态度。所以，关系状况在大客户管理（ESP+）和销售过程管理（TAS+）中都有描述。

3）交互程度：描述与该客户员工的接触程度，比如未接触过、偶尔接触、多次接触和深层接触等。此处分成两部分，一个是总体接触程度，另一个是在这个项目中与我们的接触程度。所以，交互程度在大客户管理（ESP+）和销售过程管理（TAS+）中都有描述。这个信息可以通过活动管理自动更新，不用手动选择。

4）重要程度：描述该客户员工在企业中的重要程度，比如职位重要、人际关系重要、职位和人际关系重要、普通。

（二）分配客户、做规划、定策略和价值植入

1. 建立覆盖模式

有关区域线和客户线（或行业线）的内容，在本节前面"谁负责大客户（Coverage）"中做了介绍，因此不再赘述。

支持线管理将会在"销售支撑体系管理（MCI）"中的"分层的售前资源调度机制"中做介绍。

2. 做规划、定策略和价值植入

（1）做规划 做规划有标准的方法（GOSART）：终极目标（Goal）、短期目标（Objective）、战略（Strategy）、行动（Action）、资源（Resource）和测试（Test）。做规划时一定要把如何在关系上和方案上建立自身优势和隔绝竞争对手的内容作为重点介绍。

（2）定策略和选战术

以下是五类策略和相应的战术。

1）客户获取：是指把企业重要的潜在客户转变为正式客户的策略。该策略需要首先定位重要的潜在客户，通过相应的战术，使该客户购买企业产品。

● 客户获取战术：

①带领客户参观企业，使客户相信企业的实力。

②进行技术交流，使客户了解企业的产品。

③通过各种渠道，建立和客户高层的关系。

④多交流互动和进行其他产品差异性分析，得到基层的支持。

⑤给出优惠性条件，比如资本运作（能否给出账期，能否为政府引入资金），提升企业对客户的吸引力。

2）客户提升：是指把企业客户贡献度不高的重要客户提升为高贡献度的重要客户的策略。该策略需要了解客户的业务状况和需求，提早布局，引导客户，加强互动，前期加大售前和方案投入，参与年内项目招标投标，并全力赢得项目。

● 客户提升战术：

①充分引入企业的各种方案，多交流互动，引导客户的需求和短期、长期规划。

②了解客户的需求和年度预算，提早布局。

③充分了解客户的内在需求（个人和组织），协助客户获得最大价值。

3）客户维系：是指把企业高贡献度的客户维系住，使他们为企业产生持续的收入的策略。该策略需要跟客户保持紧密接触，有能力为客户提供整体规划和建议，并且为客户提供高性价比的运维服务，防止竞争对手进入，同时加强售后服务，提升客户满意度。

● 客户维系战术：

①不断有新的解决方案来维系客户，不断发掘客户的新需求。

②提高服务标准和提供个性化服务，以使客户产生依赖。

③为客户提供一些免费的或高性价比产品和服务，取悦客户。

④建立商务和技术壁垒，防止竞争对手介入。

⑤消除客户中的敌对者，尽可能联合更多的支持者。

4）亡羊补牢：是指把正在逐渐疏远我们的高价值用户逐渐挽回的策略。该策略需要了解客户疏远我们的真实原因，制订挽回计划，投入相应的资源让客户感到我们的诚意，并提供更优惠的价格、更个性化的服务。

- **亡羊补牢战术：**

①挖掘客户疏远我们的深层原因，投入资源逐个解决。

②找到客户内部新的支持者，结成同盟。

③寻找化解反对势力的方法，并采取相应行动。

④引入企业新的产品和解决方案，转移焦点。

5）以静制动：是指针对企业已无法挽回的重要流失客户采取的一种观望等待策略。该策略不是被动等待，而是和客户保持一定接触频率，了解客户内部变动，等待时机。

- **以静制动战术：**

①与客户保持联系，多了解客户未来的项目规划。

②分析原因，等待机会。

③为客户提供力所能及的建议和服务。

④等待竞争对手犯错误。

（3）**价值植入**   说明我们采用的方案，以及给用户创造的业务价值，一定要加入与前两名主要竞争对手的对比，包括我们在方案上、软硬件实力上有什么优势。

（三）现状评估和行动计划

1. 建立动态监控和评估机制

在本节前面"动态评估（Evaluate）"部分，从客户重要性、关系紧密度及客户需求和自身能力三个方面介绍评估的方法。

1）客户重要性：就是再次评估该客户是否为重要客户。

2）关系紧密度：就是在关系层面，通过两种关系和四类个体画像维度建立自身优势和隔绝竞争对手。更有效的方法是构建企业的核心关系能力，即BRM，需要管理四种企业关系：客户关系图谱、企业关系资源图谱、项目决策链和竞争对手关系资源图谱。

3）客户需求和自身能力：就是在方案层面，通过价值植入，建立自身优势和隔绝竞争对手，并且孵化商机。

2. 制订行动计划

针对大客户，企业应制订"建立自身优势和隔绝竞争对手，并且孵化商机"的落地措施。

3. 客户拜访管理

针对小客户，企业为了"建立自身优势和隔绝竞争对手，并且孵化商机"，需要进行客户互动。

（四）贯彻执行

1. 大客户管理（大项目线）

企业执行大客户管理的行动计划，如商机孵化成功，进入销售管理过程（TAS+）。

2. 中小客户管理（项目快速通道）

企业针对中小客户进行拜访管理，如果商机孵化成功，进入销售管理过程（TAS+）。

（五）评估和考核

评估和考核是指企业每年一度对大客户管理的评估和考核，具体内容参考本节的"（三）现状评估和评估机制"中的"建立动态监控和评估机制"。

小结 > 本节主要介绍了大客户管理的五要素：①如何判定大客户
（Who）；②谁负责大客户（Coverage）；③如何管理大客
户（How）；④客户策略和战术（Strategy）；⑤动态评估
（Evaluate）。并且介绍了如何在机制上建立方案优势及大客户管
理（ESP+）是什么，并以大客户管理"建立自身优势、隔绝竞
争对手和孵化商机"三个核心任务为主线，详细介绍了大客户管
理（ESP+）如何使用。

B2B 销售之销售过程管理（TAS+）

∨

CRM3.0中B2B销售可以归纳为守正、出奇和蓄势三部曲。本节就着重介绍出奇，即销售过程管理。

在B2B销售中，有一个普遍被使用的销售过程管理模型——TAS（Target Account Selling，销售过程管理）。很多企业用这个方法在自己的CRM中管理销售过程，其管理的是LTC的过程，即销售线索到合同签约的过程。我于2013年前后在IBM工作时，IBM内部也使用该方法管理商机。但TAS方法太理论化，是个放之四海皆可的方法，缺少很多可以落地和产生实际效果的要件。

销售过程管理是术，也叫项目线管理，更注重短期效果，以能否赢单作为衡量标准。我根据自己咨询、实施和打单的经验，设计了TAS方法论在数字化时代的进化版TAS+，使其更有实用性，更能提升企业的销售能力和产生业务价值。

在介绍TAS+之前，我先分析一下传统TAS方法论和其存在的问题。

如图2-15所示，我把传统TAS方法论做了一下汇总。它由以下部分组成：

1）七个主要步骤：由评估销售机会、制定竞争策略、识别关键人、定义关系策略、制订工作计划、测试并完善计划、完成销售过程七个主要步骤完成。这是TAS的主干。但这是打单行动的七个步骤，并不是按甲方商机阶段划分的打单阶段。所以，TAS方法论缺销售阶段的划分方法。

2）问卷：在"评估销售机会"步骤中有四类问题：①这是一个机会吗？②我们有竞争力吗？③我们能赢吗？④值得赢吗？每类里面都有一系列具体问题。这四类问题可以让销售人员理清思路，但这些问题比较官方和浮在表面，实用性较差。另外，问卷不应该是销售人员的自问自答，管理层和销售互动完成问卷的机制是关键，TAS没有关于这块如何做的方法。

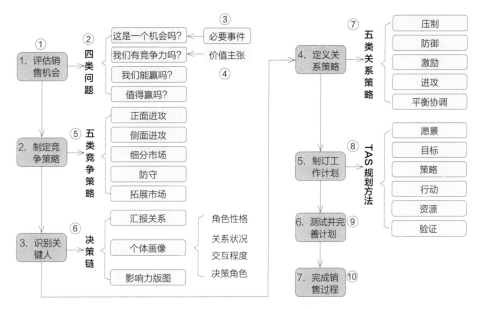

图2-15　传统TAS方法论概览

3）必要事件：在"评估销售机会"的"这是一个机会吗"中，通过必要事件判断项目的真实性。必要事件判断方法是值得称道的，因为很多项目在没有认真判断客户是否真会启动这个项目之前，就投入了很多售前资源。

4）价值主张：在"评估销售机会"的"我们有竞争力吗"中，通过价值主张给出我们方案的优势和业务价值的产出。价值主张方法是值得称道的，我给企业做过沙盘推演，很多公司的销售人员把精力都放在做关系上，让他们把本公司产品或方案优势，以及给客户带来的业务价值用两分钟简单说清楚是很困难的。

5）五类竞争策略：五类竞争策略很好，但缺乏具体的战术和方法。

6）决策链：这是TAS亮点部分，它分成三个部分描述决策链，一个是行政上的汇报关系，一个是按照影响力和所属圈子的影响力版图，还有一个就是在关系中的每个人的画像。个体画像分成四个维度：角色性格、关系状况、交互程度和决策角色。传统TAS里这三个要素的定义存在缺陷：它们没有分清大客户管理（ESP+）和销售过程管理（TAS+）之间的界限。我会在接下来的TAS+

关系图谱中介绍新的三种关系，以及四类个体画像维度模型。

7）五类关系策略：这是根据客户与我们关系状况中的五类关系，采取压制、防御、激励、进攻、平衡协调五类关系策略。这只是方向性的，没有具体落地措施。

8）TAS规划方法：在制订工作计划过程中，可以通过愿景、目标、策略、行动、资源和验证进行规划。但这部分内容太宽泛，实用价值不大。

9）测试并完善计划：TAS没有给出太实用的方法。

10）完成销售过程：TAS没有给出太实用的方法。

除了上述TAS十要素中存在的问题，传统TAS还缺失了一些销售过程管理中的要件。例如，项目阶段如何进行划分？如何对商机分类？项目中团队如何协同？项目中如何管理和击败竞争对手？TAS的管理方法如何有效执行？

我优化了TAS方法论，称之TAS+，使其更接地气、更高效、更有针对性和容易落地。

如图2-16所示，TAS+分成两大部分，内外协同，动静结合。对竞争对手，要动，千变万化，克敌制胜；对内部销售人员，要静，要高效、公正、透明，使他们安心去冲锋陷阵。

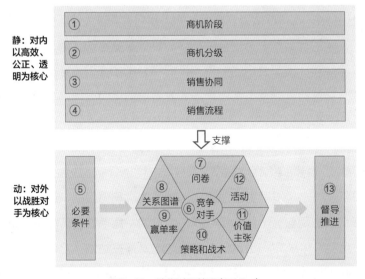

图2-16　销售过程管理（TAS+）

一、对内部分

对内销售人员要静，这是对打败竞争对手的动的部分的支撑。此部分是以高效、公正和透明为基础的，企业要协助和激励销售人员上前线冲锋打仗。所以，这部分内容比较稳定，不能天天变，让销售人员无所适从。对内部分由以下四个要素组成：

（1）商机阶段　商机阶段就是指一个项目从销售线索到合同签约（LTC）按时间进度分成多少个阶段。商机阶段可分成七个阶段，不同的项目可以在此基础上修改和调整。

1）验证商机：从收集到销售线索开始，当验证确实是个商机后，开始着手协调内部资源时结束。

2）商机立项：从开始协调内部资源开始，通过项目立项审核，到项目团队建成结束。

3）需求分析：从项目立项审核通过，项目团队建成开始，到确定好价值主张，确定好竞争策略和行动方案结束。

4）价值呈现：从竞争策略和行动方案确定后开始，争夺招标书制作的主导权，到客户开始着手起草招标文件结束。

5）招标准备：从客户起草招标书开始到客户正式发标结束。

6）组织投标：从客户正式发标开始，到投标结果产生结束。

7）谈判签约：从宣布本企业中标开始，到合同签订为止。

（2）商机分级　商机可分成不同的等级，企业可根据不同商机等级匹配不同资源。建议以金额为主要划分依据，但可以根据项目示范作用或重要性手动调级。以下提出商机分级模板，不同的项目可以在此基础上修改和调整。

1）A类和B类：大单，走大项目打单流程，即走全部的TAS+销售阶段和利用销售方法。

2）C类和D类：小单，走小单快速通道，即可以直接跳过TAS+的中间销售阶段到最后阶段，并且为了提高效率，可以不用TAS+的很多销售方法。

3）E类：合作伙伴主导的商机，走合作伙伴报备机制。

（3）**销售协同**　B2B赢单往往需要几个不同部门组成一个团队去协同配合，所以需要企业将有效的资源合理高效地投向最佳项目。我接触的大部分B2B公司，由于部门间的壁垒和利益间冲突，在销售协同上都存在着一些短板，这些短板严重制约了公司的销售效率和销售能力。这部分会在销售支撑体系管理（MCI）中介绍。

（4）**销售流程**　销售流程会涉及销售模式、部门、岗位、考核和流程五个要素。如图2-17所示的模板，不同的项目可以在此基础上修改和调整。

1. 验证商机	2. 商机立项	3. 需求分析	4. 价值呈现	5. 招标准备	6. 组织投标	7. 谈判签约
TAS1-1 创建商机流程	TAS2-1 商机立项流程	TAS3-1 技术引导评估流程	TAS4-1 售前测试申请流程		TAS6-1 技术方案评估流程	TAS7-1 合同工作范围评估流程
TAS1-2 客户信息评估流程	TAS2-2 E类商机报备流程	TAS3-2 商务公关评估流程			TAS6-2 商务评估流程	TAS7-2 合同审核流程
TAS1-3 客户核心信息修改流程	TAS2-7 B&P Code 申请流程				TAS6-3 投标批准流程	TAS7-3 商机售前结束流程
					TAS6-4 投标文件申请流程	

TAS2-3 售前资源申请流程

TAS2-4 商机升级流程

TAS2-5 售前资源调度流程

TAS2-6 工时录入和评估流程

图2-17　TAS+流程框架

二、对外部分

对外部分是以击败竞争对手为核心。就像前文介绍的那样，销售过程管理是术，要讲究诡道，以能否赢单作为衡量标准。正所谓"兵无常势，水无常形，因敌变化而取胜"。所以这部分是"动"的，根据敌情随时调整。对外部分由以下九个要素组成：

（1）**必要条件**　必要条件是指可以确认客户一定要做这个项目的原因，比如去年预算已做了，或者主要决策人已确定在某个时限内项目必须上线等。这部分是容易被忽视，而且销售人员又不愿正视的一个问题。我就碰到过不少这样的案例，前期乙方投了不少售前资源，后来甲方客户不做了。所以，必要条件非常重要，我们需要在整个项目过程中不断对其评估。如果我们没有必要条件确认项目一定会做，那么在后面阶段投入就需要慎重考虑。

（2）竞争对手　"知己知彼，百战不殆；不知彼而知己，一胜一负"。如果我们不了解竞争对手，那么输赢在某种意义上是要靠运气的。我经历过不少教训，自己感觉客户很认可，但还是丢了项目，主要原因就是不了解竞争对手。我们差，竞争对手更差，我们赢；我们强，竞争对手更强，我们输。所以，我们需要把更多的精力放在研究竞争对手上。如图2-18所示，知己是了解我方方案对客户需求满足度+关系紧密度，知彼是了解竞争对手方案对客户需求满足度+关系紧密度。绝大多数情况下，我们仅仅是知己，只有50%的胜算。

如上所述，对竞争对手的了解与对自己的了解一样重要。我们需要收集的竞争对手信息包括：竞争对手的基础信息、竞争对手与客户的关系、竞争对手的核心合作伙伴、竞争对手的重要事件、报价历史、竞争对手分析库等。

（3）问卷　在传统TAS里，问卷问题分成四大类：这是一个机会吗？我们有竞争力吗？我们能赢吗？值得赢吗？我认为这些问题的实用性不强，我建议首先确认是否有内部消息来源。在某些情况下，以下四类问题更有实用价值：我们的资源满足客户需求的程度如何？我们和客户的关系紧密程度如何？对我们形成威胁的前两位竞争对手的资源满足客户需求的程度如何？对我们形成威

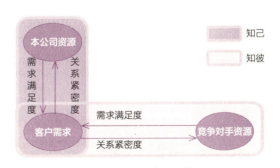

图2-18　知己知彼

胁的前两位竞争对手和客户的关系紧密程度如何？

（4）关系图谱 如图2-19所示，在B2B销售中存在三种关系和七类个体画像维度，它们分别分布在大客户管理（ESP+）和销售过程管理（TAS+）中。

三种关系：

1）汇报关系：行政上的汇报关系是显性的，是比较稳定的，与项目没有关系，其应该列入大客户管理（ESP+），通过销售过程管理（TAS+）完善。

2）影响力版图：按照影响力和所属圈子构建的影响力版图是隐性的，是比较稳定的，与项目没有关系，其应该列入大客户管理（ESP+），通过销售过程管理（TAS+）完善。

3）决策关系：决策关系讲的是本项目谁批准、谁决策、谁评估，谁使用，以及他们之间的关系。所以，决策关系是属于某个项目的，随项目的不同而变化，通过销售过程管理（TAS+）来管理。

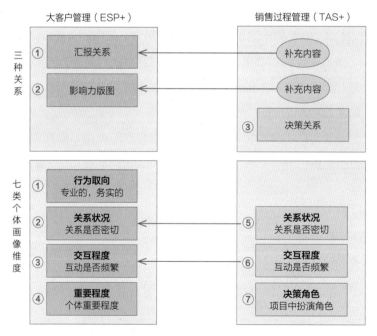

图2-19 关系图谱

七类个体画像维度

1）行为取向：是指该客户员工决策依据，比如专业型、务实型、专业务实型、务实专业型、均衡型等。这个是个体本身具备的特性，与项目无关，所以列入大客户管理（ESP+）。

2）关系状况：描述该客户员工对我们的态度，比如强正向、正向、中立、负向和强负向等。此处分成两个部分，一个是总体态度，另一个是在这个项目中对我们的态度。所以，关系状况在大客户管理（ESP+）和销售过程管理（TAS+）中都有描述。

3）交互程度：描述与该客户员工的接触程度，比如未接触过、偶尔接触、多次接触和深层接触等。此处分成两部分，一个是总体接触程度，另一个是在这个项目中与我们的接触程度。所以，交互程度在大客户管理（ESP+）和销售过程管理（TAS+）中都有描述。这个信息可以通过活动管理自动更新，不用手动选择。

4）重要程度：描述该客户员工对本企业业务的重要程度，比如非常重要、重要、一般等，只在大客户管理（ESP+）中有。

5）决策角色：用来描述该客户员工在项目中扮演的角色，比如批准者、决策者、评估者和使用者等。这与项目相关，只在销售过程管理（TAS+）中有。

（5）赢单率　我见过的绝大多数企业在计算赢单率时，都是越往后则赢单率越高。在投标阶段，很多时候都已经知道这次中不了标，还按80%算，那么通过销售漏斗预测就失去了意义。其实在打单过程中，赢单率的起伏变化才能反馈出项目的真实情况，以及提醒我们需要采取什么措施。我建议采用"竞争对手比对法"来计算赢单率。

如图2-20所示，计算频率最好每周更新。在管理中，我们完全可以根据赢单率的变化采取相应对策。

1）如果没有必要事件，表示不能确认客户一定要做这个项目，那没必要计算赢单率。

2）如果没有内部消息进行对照，我们要往坏处想，所以结果出来后按70%打折。

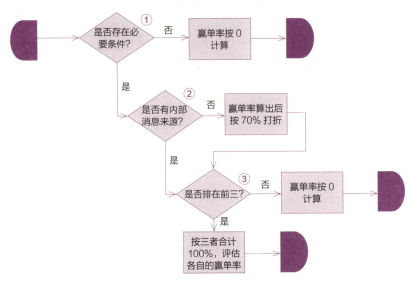

图2-20 赢单率计算——竞争对手对比法

3）如果我们没有在竞争中进入前三名，那么计算赢单率没意义，就按0计算。

（6）策略和战术 我沿用TAS原来的五种策略，但补充了战术，使其更容易执行，见表2-1。

表2-1 策略和战术

策略名称	定义	主要战术
正面进攻	是一种基于客户直观感受的战术，它是通过我们的解决方案、价格、声誉等方面压倒性的优势直接影响客户的	1. 大张旗鼓地带领客户参观案例和公司 2. 影响客户招标标准 3. 加快招标进程，速战速决 4. 信息屏蔽，打击或排除主要竞争者
侧面进攻	是改变客户所关注的决策准则，令他们转向一个新的或不同的问题。其目的是让客户满意并选择我们的解决方案	1. 决策标准向有利于我们的方向改变 2. 带领客户参观一些有利我们的客户、案例、研讨会、经验分享 3. 防止引入更强的竞争对手 4. 在客户中找到我们的有力支持者

续表

策略名称	定义	主要战术
细分市场	是将项目机会分解为更小更细化的部分，从而可以更专注于客户所关心问题的每一个子集，从而在部分或局部获得突破	1. 在客户中找到我们的有力支持者 2. 找到强有力支持碎片化的理由 3. 根据具体情况加速或拖延招标投标进程 4. 与竞争对手找到找利益平衡方式（各取所得）
防守	防守策略保护我们在遭受竞争对手不可避免的攻击时仍然可以保持稳固的地位	1. 低调做事，让客户认可我们方案的实力 2. 消除客户中的敌对者 3. 及时了解客户和项目真实进展信息 4. 可考虑拖延项目决策进度
拓展市场	为未来可能的市场创造一个机会	1. 多接触客户，展示方案和实力 2. 接触过程中多了解客户今后项目规划 3. 为客户提供力所能及的建议和服务

（7）价值主张 在沿用TAS原来模板说明我们用了什么方案，以及给用户创造了什么业务价值之外，一定要加入与前两名主要竞争对手的对比，展示我们在方案上、关系上和软硬件实力上有什么优势。

（8）活动 活动是指根据我们的策略和战术，以及在关系、问卷、赢单率和价值主张中发现的问题，所采取的一系列提升行动，一般是与客户的互动。

（9）督导推进 这里涉及一个关键问题，即销售过程管理绝不是销售人员一个人的独角戏，不是其自娱自乐，如果这样的话，什么样的销售方法都不会有效果。要想TAS+使用得好，销售人员的一线主管需要根据TAS+的必要条件、问卷、关系图谱、赢单率、策略战术、价值主张和活动等要素，对销售人员进行辅导。为了节省时间，可以只过重要的项目和变化事项，每周一次或两周一次。

小结 > 本节介绍了销售过程管理（TAS+）。经优化了的TAS方法论——TAS+更接地气、更高效、更有针对性和容易落地。TAS+分成两大部分，十三个要素，内外协同，动静结合。对竞争对手，要动，千变万化，克敌制胜；对内部销售人员，要静，要高效、公正、透明，使他们安心去冲锋陷阵。

B2B 销售之销售支撑体系管理（MCI）

∨

CRM3.0中B2B销售由三部分组成：即守正、出奇和蓄势三部曲。本节介绍蓄势，即销售支撑体系管理，其为企业建立系统性的优势，搭建企业的护城河，所用主要方法是MCI（Match & Coordination & Integration，销售支撑体系管理），将在本节中介绍。

图2-21是我在给一家企业做B2B销售过程诊断项目时列举的问题。总体来说，B2B销售过程主要存在三大类问题：

1）资源调度问题：基本上每家做B2B生意的企业都存在这个不合理现

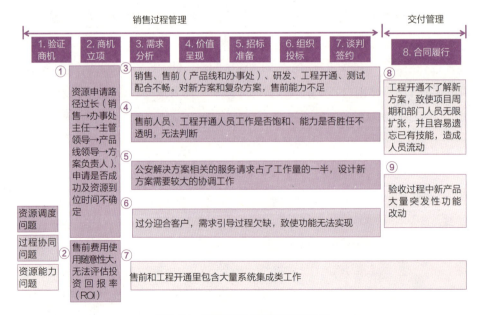

图2-21　B2B销售过程常见问题示例

象：近水楼台先得月。很多时候，销售人员能得到售前资源的数量和质量并不与其负责的商机质量有关，而是与其和资源部门的关系、与公司的高层的关系有关。所以一个销售业绩好的销售人员，有可能不是其销售能力强，而是他可以调用的售前资源多。这个问题极大地制约了企业的投入产出，因为很多远离企业权力中心的销售人员就算碰到很好的大项目时，因为申请不到资源，也不愿意跟进，而宁愿去跟一些自己有能力处理的小项目。这样公司的资源会逐渐投向最有内部关系的销售人员，而不是最好的项目，出现劣币淘汰良币的现象。

2）过程协同问题：过程协同中普遍存在两类问题：①销售人员为拿单，随意承诺，到交付时上不了线。往往越大的项目亏得越多。②销售、售前、方案产品和测试团队等互不通气，都负责，又都不负责，配合中互相扯皮、互相指责。有了功劳，是自己的；有了问题，是对方的。天下大事，必作于细，很多项目都输在销售过程协同的细节上了。如果信息沟通得再通畅点，如果每个团队参与项目的人责任心再强点，赢单的概率就可能高很多。

3）资源能力问题：B2B生意中一般会有重点行业和重点方案，重点行业和方案可能带来的收入会占公司总收入的30%，甚至50%以上。一般重点行业和重点方案会是一些大项目，这时候需要调动整个公司的优质资源去赢单。但你会发现，这些资源经常在企业中分散于很多部门：有在地区分公司的，有在总部售前的，有在总部产品和方案中的，有在总部行业部门的。从很多部门抽调一群人去执行一个项目，互相不了解，形成不了默契，很容易貌合神离，形成散兵游勇的状态。跟足球一样，团队中每个人都是最优秀的，但这个团队未必是最优秀的，关键在于配合。所以，我们必须想办法提升资源整合能力，使1+1＞2。

如图2-22所示的MCI（匹配、协同和整合）方法，可以用来提升和优化B2B销售支撑体系。

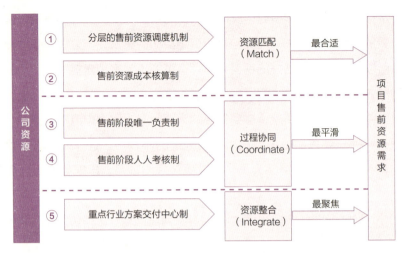

图2-22　MCI方法介绍——提升和优化销售支撑体系

一、资源匹配，最大化产出

1. 分层的售前资源调度机制

如图2-23所示，分层的售前资源调度机制就是要各个项目调用最匹配的资源。

1）A类和B类项目，由交付中心的交付团队负责到底，由交付团队的负责人去协调各方面资源。

2）C类、D类和E类项目或渠道类项目，由当地办事处自己负责，或者通过服务热线远程得到支持即可。

3）针对A类和B类项目，办事处当地资源统一归总部交付团队负责人调度。

4）至于项目分类标准，在销售过程管理（TAS+）中有介绍。

2. 售前资源成本核算制

任何商机，只要你不对售前资源定价和计费，那么售前资源永远是不够用的。永远是谁有关系、谁会争，谁就能得到最好且最多的资源，逐渐形成劣币驱逐良币的内部销售氛围。只有通过建立合理公正的售前资源定价和计费体系，销售人员才能量入为出，合理规划售前资源，使最优秀的资源流向最优质的项目。

如图2-24所示，项目销售要像过日子一样经营这个项目，在项目上合理安排售前资源，精打细算，量入为出，以求最大投入产出。

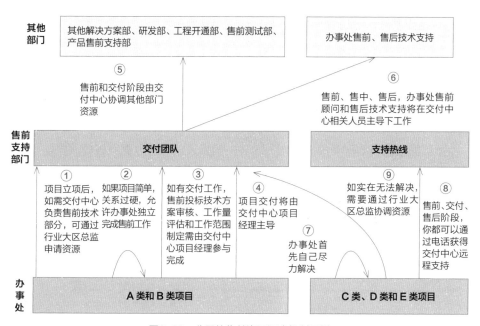

图2-23　分层的售前资源调度机制示例

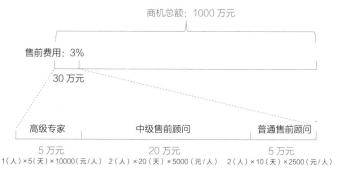

图2-24　售前资源成本核算示例

二、过程协同，同舟共济

1. 售前阶段唯一负责制

如图2-25所示，一个项目会涉及很多部门、很多人员参与。但家有千口，主事一人。图2-25中，负主要责任的是区域销售。在某个阶段，一定就只有一个人负主要责任，他既承担责任，同时也有做决策的权利。

2. 售前阶段人人考核制

有了主负责人，即有了领头羊，但还需要对参与项目的人都进行考核，这样大家才能协同顺畅，同舟共济。项目考核有两种方式：

1）都以销售数据考核。例如，除了主负责人以销售数据考核外，售前和项目交付经理也背销售数据考核，可以双算。这样赢了单，销售、售前和未来项

图2-25　售前阶段唯一负责制示例

目交付经理都有相应的销售数据，大家利益一致。

2）主负责人对其他项目参与人考核评分。例如，售前和未来项目交付经理的很大一部分绩效工资由参与项目的主负责人打分评定得到，这样大家也算利益一致，可以同舟共济。

三、资源整合，形成合力

此部分采用重点行业方案交付中心制。图2-26就是我给一家客户设计的交付中心组织岗位示例。很多做B2B业务的企业最优秀的资源分布在公司各个角落，比如地区办事处、总部售前部、方案部、大客户部、产品线等。这些资源分属于不同部门，很难整合并形成合力。针对公司重点行业和重点方案，我建议把所有资源整合在一起，建立多位一体的交付中心（比如售前、测试、交付、售后、二次开发一体），针对大项目提供一站式服务，形成整体优势，也就是势能。

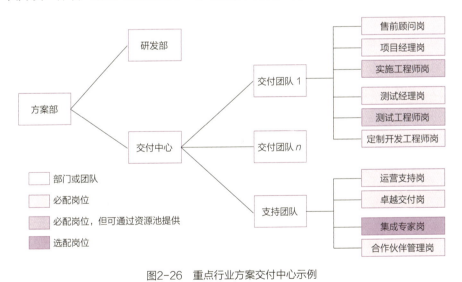

图2-26　重点行业方案交付中心示例

小结 >　本节介绍了销售支撑体系管理，也就是为企业建立系统性的优势，建造企业的护城河。其中，着重介绍了如何解决资源调度问题、过程协同问题和资源整合能力三大问题。

B2B 销售之构建企业核心关系能力（BRM）

∨

我在1999年开发Siebel CRM时，当时公司的座右铭就是"Business is about relationship"，翻译成中文就是"做生意就是处理关系"。我在2002年年底回国后，接触的最早一个客户是某证券投行，要做的就是企业核心关系能力管理，当时就想设计一个管理模型，但受制于当时有限的知识和能力，没有完成。

我在前面文章中介绍过，B2B企业三大核心能力是关系能力、方案能力和资源调度能力。如果要说重要性，我觉得各占三分之一。在这三种能力中，资源调度能力是最稳定的；方案能力会随着时间的推移而变化；关系能力针对销售个体来说，变化非常大，但对企业整体来说，其实是非常稳定的，只是如何加以利用的问题。本节将介绍在企业层面如何管理以下这四种企业核心关系能力：客户关系图谱、企业关系资源图谱、项目决策链图谱和竞争对手关系资源图谱。

CRM管理客户关系，但也管理市场、销售、服务和渠道等；Linkedin等管理的是社会上人与人的关系，至今市场上还没有一款产品完全聚焦在帮助一个企业管理自己整体的关系能力上。本节中将介绍一种管理思路，称为BRM（Business Relationship Management，商业关系管理）。

我使用过很多款CRM软件，企业管理自己的关系能力一般就是管理客户的组织架构和上下级关系，好一点的管理一下客户的影响力关系（也有叫影响力版图）。这些管理过于粗糙，很难加以利用，形成企业的核心优势，也很容易随着销售人员的离开，带走所有的关系秘密。针对B2B企业来说，关系能力是企业核心能力之一，那么企业为什么不仔细研究一下关系能力，并且投入资源好好地提升和运营一下这种能力呢？

如图2-27所示，对于B2B企业，BRM存在四类关系实体（客户关系资源、企业关系资源、项目决策链和竞争对手关系资源），它们相互作用、相互补充，只要掌握和运营这四类关系实体，就能构建和提升企业的核心关系能力。

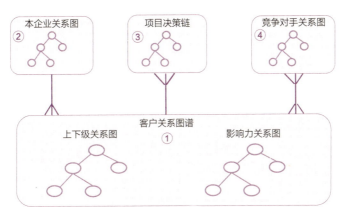

图2-27　BRM四类关系实体

一、客户关系资源图谱

客户关系分成两类：一类是权力版图，就是上下级关系，找的是权力中心；另一类是影响力版图，找的是影响力中心。上下级关系和影响力关系可以在一张图上混合展示。我们可以按两类视角查看，一类是客户整体视角，另一类是客户关键人视角。

1. 客户整体视角

如图2-28所示，客户关系资源图谱由上下级关系和影响力关系组成，我们主要聚焦以下几点：

（1）客户整体关系紧密度评估　就是找出该客户中所有权力重要性个体和影响力重要性个体，并根据所有个体关系紧密度得分对客户整体关系紧密度打分。图2-28中客户关系紧密度得分是62分。有了整体得分后，我们在大客户管

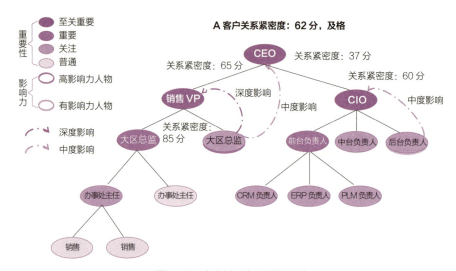

图2-28　客户关系资源图谱示例

理中就可以做计划，从而提升客户整体关系紧密度。

（2）权力中心管理　就是找出客户中权力高且对本企业影响大的个体。图2-28中的至关重要人物，如CEO（首席执行官）、销售VP（副总裁）和CIO（首席信息官）等，并对其关系紧密度打分。找到关系紧密度得分低的个体，如图2-28中的CEO，在大客户管理中就可以做计划，从而提升与该个体的关系紧密度。

（3）影响力中心管理　就是找出客户中对重要个体有很大影响力的个体。找到影响力中心后，对其关系紧密度打分。找到关系紧密度得分低的个体，在大客户管理中就可以做计划，从而提升与该个体的关系紧密度。

2. 客户关键人视角

如图2-29所示，针对客户关系资源图谱中的关键人物，可以以客户关键人为中心，展现所有相关影响力关系。

1）以客户关键人为中心，反馈：①客户内部对该关键人有影响力的个体；②本企业对该关键人有影响力的个体；③竞争对手对该关键人有影响力的个体。

2）找到影响该关键人的最佳路径。如图2-29所示，本企业与该关键人的

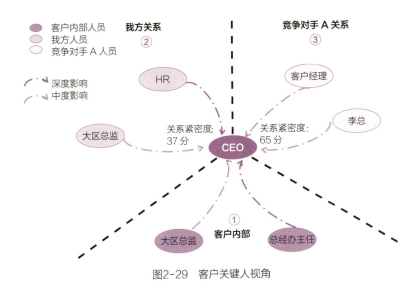

图2-29　客户关键人视角

紧密度较低，我们既可以通过本企业的HR（人力资源）加深与其的关系，也可以通过加强与客户总经办主任的关系来影响该关键人。

二、企业关系资源图谱

企业关系、资源图谱显示本企业的关系资源，即我方核心关系能力，可分为两个视角：本企业视角，本企业员工视角。

1.　本企业视角

从本企业视角看，企业关系资源图谱用来对本企业关系能力做整体评估，要想生意做得越来越大，就得使企业整体核心关系能力不断提升，使强关系、中关系的大客户数量不断增加。

图2-30显示了本企业整体关系能力的评估情况，以及强关系、中关系、弱关系的大客户数量和增长趋势。这是本企业的软实力，也是能不断孵化商机的基础。

核心关系能力：788 分，比上月提升 5%；强关系客户 155 家，比上月提升 6%；
中关系客户 258 家，比上月提升 10%；弱关系客户 78 家，比上月减少 10%

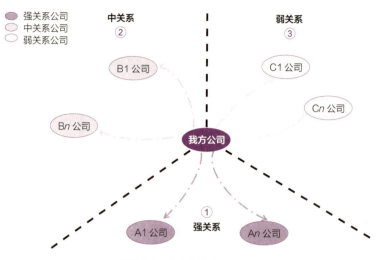

图2-30　本企业核心关系能力

2. 本企业员工视角

从本企业员工视角来看，企业关系资源图谱用来对本企业员工的客户资源进行评估和利用。这也应该是员工，特别是销售岗位员工考核的一项重要指标。公司在打单时，目前主要靠销售人员单打独斗，而无法充分利用本企业所有员工的资源。这些资源是藏在冰山下的巨大部分，如果能充分利用，将会极大地扩展关系资源和提升赢单率。

图2-31显示了本企业某员工关系资源评估结果和其能影响的关键人明细。企业不仅仅要为销售人员建立关系资源图，对非销售岗位也要建立关系资源图。如果在打单过程中，非销售岗位人员也贡献了资源，那么他也应该获得奖励，做到真正的全员销售。

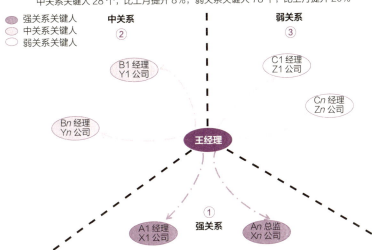

整体关系资源：999 分，比上月提升 10%；强关系关键人 15 个，比上月提升 6%；
中关系关键人 28 个，比上月提升 8%；弱关系关键人 78 个，比上月提升 20%

图2-31　本企业员工关系资源

三、项目决策链图谱

项目决策链图谱（图2-32）显示了某个具体项目中本企业的关系能力。有
了该决策链，就算临时换一个销售人员，企业也应该可以轻松评估我方的关系
胜算概率和找到提升关系的途径。

1）项目决策关系：此项包括项目批准者、项目决策者、项目评估者和项
目使用者之间的关系，以及每个相关人员的关系紧密度、性格、对本企业的态
度、接触程度等信息。

2）影响力关系：显示客户内部谁对关键人有影响力，谁是影响力中心。

3）关键人分析：可以从关键人视角查看客户方、本企业和竞争对手对关键
人的影响，即客户关系资源图谱中的客户关键人视角。还可以查看与该关键人
相关的其他项目决策链。通过了解该关键人在其他项目中对本企业的态度，就
能知道下一步如何影响该关键人。

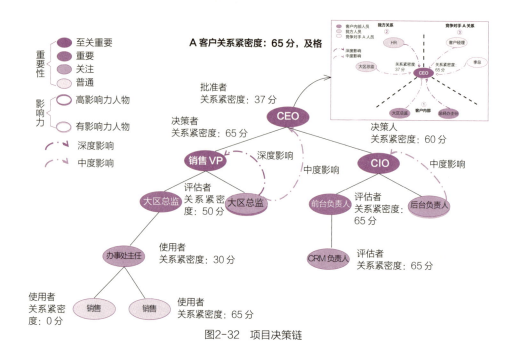

图2-32　项目决策链

四、竞争对手关系资源图谱

　　竞争对手关系资源图谱显示某个竞争对手的关系资源，即该竞争对手的核心关系能力。我们可从两个视角来看该图谱，即竞争对手企业视角和竞争对手员工视角。该图谱的展示形式同本企业关系资源图谱类似，但内容肯定不如本企业关系资源图谱丰富。建立该图谱的信息应该是从每个项目打单过程中收集上来的。

小结　>　本节介绍了BRM，即如何管理四种企业核心关系能力：客户关系资源图谱、本企业关系资源图谱、项目决策链图谱和竞争对手关系资源图谱。如果有人担心这些数据收集困难，我告诉你：凡事预则立、不预则废。企业核心关系能力是企业成功的基石，企业需要投入资金，从今天开始，管理、运营、监控和考核起来吧。企业一旦拥有这种能力，财富会源源不断，核心竞争力会得到提升，企业得以永续经营。

B2B 销售之不同市场对不同销售管理策略的选择

ᐯ

　　B2B销售可以归纳为守正、出奇和蓄势三部曲。守正是大客户管理，出奇是销售过程管理，蓄势是销售支撑体系管理。由这三个部分分别引出了ESP+、TAS+和MCI三种方法。本节就介绍一下在不同的市场环境中，企业如何选择和应用这些方法。

　　兵无常势，水无常形，我们需要针对不同的市场状况（新进入市场、快速成长市场和成熟稳定市场），采用不同的销售管理策略，聚焦不同的销售领域，如图2-33所示。

	新进入市场	快速成长市场	成熟稳定市场
市场描述	"跑马圈地"的市场，如国内企业进入海外市场	已进入市场一定时间，但该市场容量还在扩张，如2013年前后的国内安防市场	市场容量已稳定，头部企业也基本固定，如国内商用车市场
市场策略	抓得住机会，控得住风险	最佳销售支撑体系，最优销售方法，快速复制，迅速扩大市场	与头部客户深度合作，形成利益共同体
大客户管理	**非重点**，因为刚进入市场，还无法确定谁是大客户	**开始考虑，逐渐聚焦。**大客户管理需要大投入和长周期，先聚焦市场其他机会	**重中之重。**因为当市场稳定情况下，大客户决定市场天平朝谁倾斜
销售过程管理	**重点。**通过销售过程管理来抓机会和控风险	**重点。**项目越来越多，销售也越来越多，必须快速复制成功经验和进行有效管理	**重点。**但之前应该已做得很好了
销售支撑体系管理	**非重点**，因为刚进入市场，往往靠几个人单打独斗	**重中之重。**当市场机会足够多的情况下，聚焦如何高效利用资源，产生最大投资回报率（ROI）	**重点。**但之前应该已做得很好了

图2-33　不同市场状况采取不同的销售管理策略

一、新进入市场

如图2-34所示，在新进入市场里，我们从零开始，因为基数低，到处都是机会，抓住一个机会就可能成倍增长，所以我们更关注如何抓住机会和规避风险。

首先我们出手要快、要准和要重，以此来抓住市场机会。但如果我们想做到这点，就得给销售负责人足够的权力，即三权合一：经营权、人事权和分配权。给了销售负责人足够的权力后，我们希望通过制度，如海尔的人单合一，让每一个区域自组织、自驱动、自演进和自盈利。

在新进入市场中，领导人的个人能力和视野起到很大作用，管理往往是不完善的和粗犷的。那么数字化系统又如何赋能销售管理呢？我认为从以下四个方面入手：

1. 销售术语的统一

企业进入新的市场，就是为了使自身业务得到更大的成长，可一旦成长起

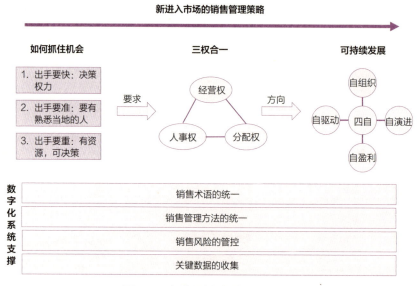

图2-34　新进入市场的销售管理策略

来，我们会发现销售术语的不统一对企业成长产生了极大的束缚。同样一个词，如线索、商机、销售额、成本、大项目、大客户等，大家的理解完全不一样。所以不同的事业部、不同的地区、不同团队等根本无法有效沟通，协同、管理和考核等都难有效执行。因此，我们首先要通过数字化系统统一销售术语，以便不同部门和组织在相同语境下交流。

2. 销售管理方法的统一

我们可以根据某地区的特殊情况采用个性化的销售方法，以及个性化的销售流程。但是，针对某种类型的销售方法，如大客户直销，销售的框架要统一。各个地区或事业部可以在框架里针对每个流程和功能加入自己个性化的东西。针对B2B销售，国内和国外的各个行业之间销售框架是基本一致的。如果我们没有一个基本框架，就无法做集团管控，无法做数据驱动，只能考核结果。

3. 销售风险的管控

进入一个不熟悉的市场，我们必须了解和规避风险，比如法律风险、税务风险、操作风险、道德风险、市场风险等。我们完全可以把规避风险的方法固化在数字化系统的流程和功能中，设置各种规则和提醒，从而帮助企业规避风险。

4. 关键数据的收集

刚进入一个市场，我们不可能让销售人员花太多时间在数字化系统操作上，但有些关键数据是必须收集的，比如商机信息、客户信息、客户的关键人和决策链信息，这些信息完全可以通过上级商机管理和售前资源支持等手段得到。

大客户管理（ESP+）、销售过程管理（TAS+）、销售支撑体系管理（MCI）应用建议：

（1）**大客户管理** 不重要。企业无法有效评估谁是大客户，因为我们只有客户潜力，没有客户对我们的贡献，也没有关于我们方案是否能满足客户，以及客户对我们的态度是否友好等信息。

（2）**销售支撑体系管理**　不重要。因为新进入的市场往往没有太多的销售支撑资源，直接联系即可。

（3）**销售过程管理**　重要。前面说的销售术语的统一、销售管理方法的统一、销售风险的管控和关键数据的收集这四个主要任务就是在销售过程管理中实现的。

图2-35中的这些功能主要是为了实现销售术语的统一、销售管理方法的统一、销售风险的管控和关键数据的收集。

1）销售术语的统一：例如，商机分级、商机阶段。

2）销售管理方法的统一：例如，销售流程、必要条件、价值主张。

3）销售风险的管控：例如，风险管控。

4）关键数据的收集：例如，关系图谱。

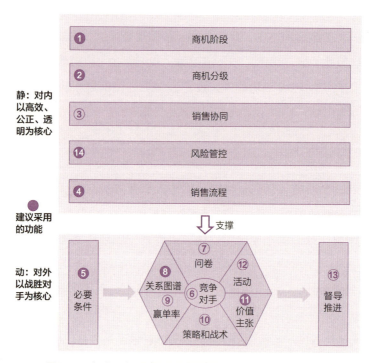

图2-35　新进入市场建议采用的销售过程管理（TAS+）功能

二、快速成长市场

在快速成长的市场里，虽然企业已进入一定时间，也具备可观规模，但因为每年还有很大市场增量空间出现，大家都急着抢地盘，所以企业应更聚焦在抢地盘的过程（销售过程管理TAS+），以及在抢地盘的过程中如何合理抽调资源（销售支撑体系管理MCI）。因为大客户管理投资时间长、见效慢，但为了将来，又不得不做，所以有些鸡肋，一般都处于考虑和规划阶段。

大客户管理（ESP+）、销售过程管理（TAS+）、销售支撑体系管理（MCI）应用建议：

（1）**大客户管理（ESP+）** 开始考虑，逐渐聚焦。企业最高管理层都意识到大单往往都是一两年前提前布局的，如果招标投标时才过去，那赢的机会就会小很多；但另一方面，市场上有大把的增量机会，而大客户管理需要大投入和长周期，所以又有点得不偿失。因此，大客户管理（ESP+）往往处于思考和规划，但还没有大的行动阶段。

（2）**销售过程管理（TAS+）和销售支撑体系管理（MCI）** 在快速成长的市场中，销售过程管理和销售支撑体系管理都是重点，尤其是销售支撑体系管理，常常是企业容易忽视的部分。

图2-36列出了快速成长市场中销售管理要解决的常见重点问题。它们基本与销售过程管理和销售支撑体系管理相关。这些待解决的重点问题如下：

（1）**建立统一、可复制的销售管理机制** 建立营销单元销售管理的最佳架构和流程，使管理统一、可复制，即不依赖于个人，只需遵循管理机制，前场销售活动即可有效运作。这便是销售过程管理（TAS+）。

（2）**优化矩阵行业与区域协作的模式，优化行业资源调度方法** 区域中的矩阵行业项目，基于不同的商机级别，采取不同的资源调度策略，加强矩阵行业与区域的协作。这便是销售支撑体系管理（MCI）。

（3）**理清销售活动过程中相关角色的责权利** 基于不同的商机级别及协作模式，界定不同销售活动场景中相关角色的阶段化工作活动、协作方式，以及必要的新增考核指标。这便是销售过程管理（TAS+）。

1	建立统一、可复制的销售管理机制

建立营销单元销售管理的最佳架构和流程，使管理统一、可复制，即不依赖于个人，只需遵循管理机制，前场销售活动即可有效运作

2	优化矩阵行业与区域协作的模式，优化行业资源调度方法

区域中的矩阵行业项目，基于不同的商机级别，采取不同的资源调度策略，加强矩阵行业与区域的协作

3	理清销售活动过程中相关角色的责权利

基于不同的商机级别及协作模式，界定不同销售活动场景中相关角色的阶段化工作活动、协作方式，以及必要的新增考核指标

4	售前资源透明化

建立售前资源调度机制，引入必要的售前管理指标，使售前资源的分配及使用可视化，售前成本量化

5	借助辅助管理工具，帮助实现销售预测和过程监测

建立运营管理反馈机制，通过销售管理报表模板，可视化销售机会，实现不同维度的销售预测，对销售过程的关键活动进行周期性监测

图2-36　快速成长市场中销售管理要解决的常见问题示例

（4）售前资源透明化　建立售前资源调度机制，引入必要的售前管理指标，使售前资源的分配及使用可视化，售前成本量化。这便是销售支撑体系管理（MCI）。

（5）借助辅助管理工具，帮助实现销售预测和过程监测　建立运营管理反馈机制，通过销售管理报表模板，可视化销售机会，实现不同维度的销售预测，对销售过程的关键活动进行周期性监测。这便是销售过程管理（TAS+）和销售支撑体系管理（MCI）的数字化赋能。

关于销售过程管理（TAS+）和销售支撑体系管理（MCI）如何应用，请参考各相应章节的介绍。

三、成熟稳定市场

当市场容量已稳定，行业头部企业竞争格局也基本明朗时，大客户管理变得越来越重要。因为这时候大客户偏向谁，市场天平便朝谁倾斜。但在大客户管理这个领域，管理方法和实践都还处于摸索阶段。很多企业把打单过程中的客户管理认为是大客户管理，其实这不是一件事，就像ERP（Enterprise

Resource Planning，企业资源计划）中包含联系人管理，但这和CRM是两个概念。

　　大客户管理（ESP+）、销售过程管理（TAS+）、销售支撑体系管理（MCI）应用建议：

　　（1）大客户管理（ESP+）　上文有关章节中介绍了大客户管理的三大核心任务是建立自身优势（方案和关系）、隔绝竞争对手和孵化商机，并详细介绍了ESP+方法，尤其介绍了要建立体制优势，即建立客户引领专家团队，来打造方案上的优势。

　　（2）销售过程管理（TAS+）和销售支撑体系管理（MCI）　重要，但与前面快速成长市场中的销售过程管理和销售支撑体系管理内容一样。

总结　>　兵无常势，水无常形，本节针对新进入市场、快速成长市场和成熟稳定市场，介绍了大客户管理（ESP+）、销售过程管理（TAS+）和销售支撑体系管理（MCI）的应用方法。

B2B 市场管理数字化转型

∨

针对B2B是否有市场管理一直都有争议。有的说B2C有市场管理，B2B没有；有的说有，B2B是市场活动管理。我认为我们没必要太抠市场字面的意思，我们可以把B2B业务中与销售计划、预算、费用、推广和活动相关的管理都归结到市场管理里。

如图2-37所示，B2B 市场管理由五个部分组成：销售计划管理、市场预算管理、费用管理、市场活动执行管理、市场活动评核管理。

图2-37　B2B市场管理

一、销售计划管理

如图2-38所示，销售计划管理包括摸底计划、考核计划、挑战计划和滚动计划四个计划的管理。

1. 摸底计划

如果销售指标是从上而下直接分派的，很容易在执行过程中出现巨大的偏差。所以在年底制订考核计划前，先制订摸底计划，从下而上了解一下销售人员对下一年度的预估，一年进行一次。

1）为了节省时间，可以根据近几年数据先编写出一个底稿。

2）销售人员可单个或批量修改自己预测的销售数字和产品。

3）重点客户必须单条手动确认。

4）给出期限，到期后自动锁定。

2. 考核计划

考核计划就是下一年度分解到每个销售人员处的销售指标，一年进行一次。

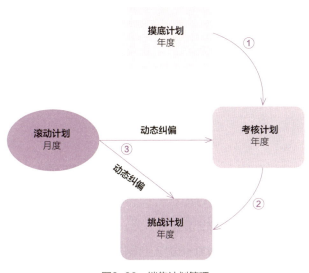

图2-38 销售计划管理

1）参考摸底计划，同时根据市场环境、竞争态势及投资者要求等给出正式的年度考核指标。

2）销售管理部门根据企业要求，结合摸底计划，分解指标，下达任务。

3）将摸底计划复制转化成考核计划开放后，销售人员做相应调整。

4）每天都生成当前考核计划汇总，查看与公司规定数据间的差异。

5）给出期限，到期后自动锁定。之前可以按板块、产品、大区等锁定修改。

3. 挑战计划

挑战计划是用来给销售人员建立更高标准，以及配备更高激励，用以促进销售超额完成的计划。在销售顺利时，挑战计划可以基于考核计划，给出规则，自动生成；在销售情况不如预期时，也可以把考核计划转换成挑战计划，重新生成考核计划。

4. 滚动计划

滚动计划是每个月对未来三个月的销售进行预估，对考核计划进行纠偏的计划。

1）每个月月初，销售人员可以修改未来三个月的滚动计划。

2）滚动计划修改需要审批。

3）滚动计划数据汇总后生成报表。商务部门聚焦产品变化，用来制订生产计划；销售管理层聚焦销售趋势和年度计划偏差。

二、市场预算管理

如图2-39所示，市场预算管理包括年度预算、月度预算和额度管控管理三个部分。

1）年度预算根据年度考核计划生成。

2）考核计划变动，年度预算也要跟着调整。

3）年度预算要分解到月度预算，月度预算要跟着考核计划的调整做动态

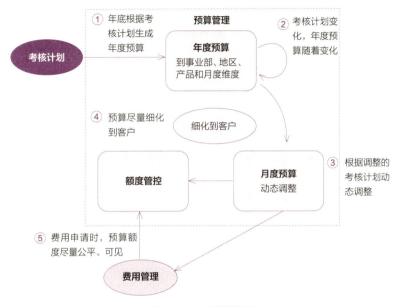

图2-39 市场预算管理

调整。

4）预算要尽量细致，最好细化到客户。

5）各级单位和员工进行费用申请时，尽量要能看到自己的额度，以使资源分配公平。

三、费用管理、市场活动执行管理和市场活动评核管理

如图2-40所示，费用、市场活动执行和评核管理三者紧密相关，形成闭环，所以以下一起介绍了。

1）在费用申请中，列出每个活动，最好要细化到客户，这样有利于以后的费效分析。

2）一旦费用申请通过，就可在活动管理中发现费用中所有相关活动，可激活活动，去开展活动。

3）在活动中要补全活动相关信息，并与费用关联，这样以后就可以针对各

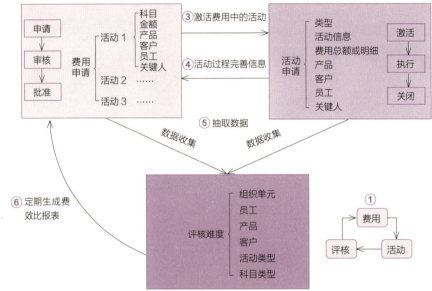

图2-40 费用、市场活动执行和评核管理

个维度做费效分析。

4）所有相关数据会被抽取到评核系统做分析。评核分析可以从销量、费效、客户、关键人和员工五个主题进行，通过多个维度进行分析。

5）相关评核报表会帮助指导和改进费用投放方向。

小结 > 本节介绍了B2B 市场管理的五个主要组成部分：销售计划管理、市场预算管理、费用管理、市场活动执行管理和市场活动评核管理。

B2B 服务管理数字化转型

前面章节主要聚焦在B2C的服务数字化转型上，至于数字化时代，B2B转型应该如何做，一直是业界一个很大的困惑。从十几年前我们做咨询时，就对客户说B2B服务转型就是要做服务产品化、服务定价及变成本中心为利润中心等。但说了十多年，一直就没有特别好的落地方案和成功案例。

说到B2B服务，其实我们的基本要求就是降本、增效和提升客户满意度。在数字化时代除了这三点要求，创新型的企业还把服务定位成销售的开始：通过服务产生信任和依赖，通过信任和依赖从而产生持续的交互，通过持续交互来了解更多的客户需求，从而产生持续的销售，以及对产品和方案的迭代创新。要想实现这些，建议从图2-41中的三个方面入手。

服务分级支撑体系就是服务的适配，即根据不同客户、不同项目提供不同的服务资源和服务标准，以便最好的资源流向最好的客户和项目。

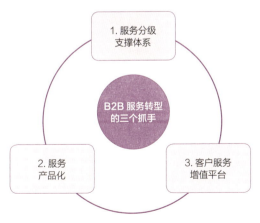

图2-41　B2B服务转型的三个抓手

　　服务产品化是指根据客户需求定制化服务产品，既能帮助客户解决痛点，也能帮助企业完成转型，从一次性的产品销售收入转变成持续的服务收入。

　　服务产品化的前提就是与客户有广泛互动，能准确了解客户的痛点，为客户持续推出服务产品。这点在B2B业务管理中是最弱的一项，因为B2B销售中一旦产品或项目交付，基本上资源也就从客户处撤离，没有一套完善机制在公司层面全盘持续监控客户需求，以及对服务创新产品的推出和运营进行有效管理。因此，企业需要建立客户服务增值平台。

一、服务分级支撑体系

　　图2-42列举了一个比较复杂的示例。假如公司A从管理架构上来说是矩阵式管理，既有横向的地区分公司，也有纵向的各个行业事业部；从产品来说，既有针对大客户的咨询、软硬件结合的方案型大项目，也有针对中小客户且以安装交付为主的中小项目，还有在卖场销售的针对小企业和民用的产品；从销售模式上来说，有本公司主导的项目销售，也有合作伙伴主导的项目销售，还有以电商或经销商为主的产品销售。

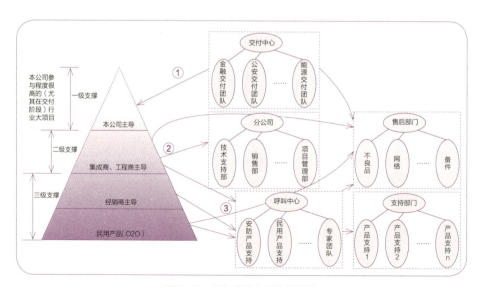

图2-42　服务分级支撑体系示例

针对具有多样化产品和方案，而且客户群又横跨各规模企业和民用用户的大型企业，我建议要采用分级支撑的服务体系。例如：

1. 一级支撑

一级支撑针对本公司主导的大型项目。建议采用交付中心模式，即建立交付中心，售前、售中和售后由一个团队提供一站式服务，也就是除了销售，其他资源统一由交付团队管理和协调，包括产品线的资源和地区分公司的资源。交付中心可以是独立的部门，也可以隶属于行业事业部，这主要取决于交付中心主导的方案是只为一个行业事业部服务的，还是为多个行业事业部服务的。另外，交付中心可以和行业事业部采取双算机制，也就是交付中心也要负责完成一定金额的项目交付，这样有助于交付中心向以市场为中心转化。

2. 二级支撑

二级支撑针对合作伙伴主导的项目。针对大一些和复杂一些的项目可以采用项目所在分公司的技术团队提供支持的方式，针对小项目和简单项目可以直接采用呼叫中心客服的方式。

3. 三级支撑

三级支撑针对直接从本公司或从经销商处购买产品的客户。此时可以直接采用呼叫中心客服的方式，在呼叫中心之后有技术部门提供专家支持，并且有售后部门提供安装、维修和退换货管理。

二、服务产品化

针对具体企业和具体产品，如何服务产品化这个问题是非常难回答的，因为这是非常个性化的东西，只能具体问题具体分析。但是，如何规划服务产品化，还是有一些基本维度可以参考。

如图2-43所示，企业要做服务产品化，可以从以下四类业务入手：

1. 解决方案业务

解决方案业务很好理解，就是对客户的需求全面覆盖。客户用我们的产品越多、越深，对我们的忠诚度越高，脱离我们的成本也越高。例如，企业原来卖了一套B2B销售系统给客户，现在可以继续销售移动解决方案、BI（Business Intelligence，商业智能）解决方案、服务解决方案、ERP解决方案和IPD（Integrated Product Development，集成产品开发）解决方案等。

2. 服务业务

服务业务是基于解决方案之上的，通过企业的经验、能力和品牌等给客户创造价值的业务。

这类服务可以从四个角度入手：

（1）捕捉新商机服务　这类服务主要是创造和客户多接触的机会，了解客户需求，从而捕捉新的商机。例如，对已有项目的诊断、每年定期对大客户回访

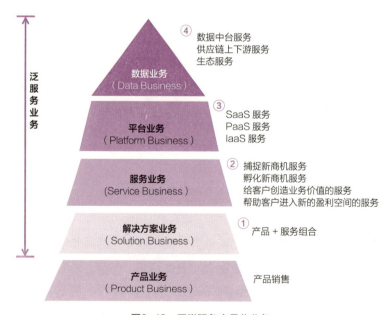

图2-43　四类服务产品化业务

或开头脑风暴会了解客户需求、定期带客户参观成功案例等。

（2）孵化新商机服务　这类服务需要企业主动帮助客户规划，从而引导客户需求，孵化新的商机。例如，通过行业专家等给客户定期指导，启动或参与咨询项目帮客户进行长期、中期和短期规划。

（3）给客户创造业务价值的服务　这类服务需要企业协助客户定义价值产出指标，并通过运营满足需要达到的业务价值。这类业务有时候会采用对赌的方式，根据业务价值产出分成。例如，系统上线后代运营服务，不仅对运营系统，还对业务进行指导和监控。针对售后服务，我们以投诉率为标准进行对赌；针对备件需求预测，我们以需求命中率和库存周转天数为标准进行对赌。

（4）帮助客户进入新的盈利空间的服务　这类业务需要利用企业自身的资源帮客户进入新的盈利空间。例如，企业有全球云资源和品牌，就可以和头部零售商成为全球战略伙伴，在全球范围内共同推广新零售方案等。

3. 平台业务

平台业务是指企业构建一个平台，在平台上提供各种工具和方案，制定平台规则，招募各类合作伙伴，而合作伙伴可在平台上开发、运营和获利。例如，微软的SaaS、PasS和IaaS三合一平台、海尔的卡奥斯COSMOPlat工业互联网平台等。

4. 数据业务

如图2-44所示，在数字化时代，随着企业的数据质量和数量的几何式爆发增长，数据业务也处在一个新的风口上。企业不要只考虑产品如何销售，也要考虑自己积累的海量数据如何应用。企业可以做横向的同类型客户的数据服务，也可以做纵向的上下游企业的数据服务，还可以引入做生态服务。例如，我们做了主机厂的备件需求预测，第一步可以通过我们的数据和优化的算法模型做成中台服务，对所有主机厂提供备件预测服务；第二步可以针对主机厂上游众多的备件生产厂商提供数据服务；第三步引入终端用户进入平台，收集他们的需求进行大规模定制，也可以为这些用户提供各类衣食住行的服务，构建

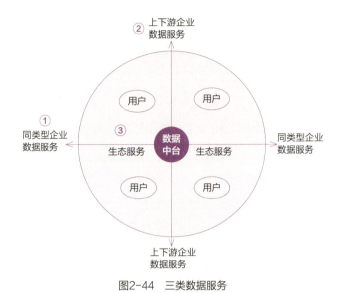

图2-44 三类数据服务

生态体系。

三、客户服务增值平台

平台业务和数据业务针对很多企业来说难度很大，但赢单后，企业如何能从已有客户中获得持续的收入，这一点就非常现实了。我做B2B项目都能碰到类似情况，如果不是重点客户，一旦产品或项目交付了，基本上资源也就从客户处撤离，我们对客户和项目的了解基本就到此为止，除非发生了突发事件，否则客户不再与我们联系。

针对项目交付过程管理，有很多方法，比如我在IBM GBS时的Seven Key，但项目上线后，一直都没有完善的服务管理体系。由于我们生意的模式从一次性的销售收益转向贯穿整个客户生命周期的持续服务盈利模式，从而必须从"片面了解"客户转变为"全面了解"客户，从与客户"有限沟通"转为"充分沟通"。由此可见，项目上线后的管理机制变得越发重要。

要想实现这样的转变，就得从交付项目和产品转变成运营项目和产品，建立项目上线后的客户服务增值平台。

如图2-45所示，为建立项目上线后的客户服务增值平台，企业可从模式、机制、中台三个部分入手。

1. 模式

项目交付后，企业应以每个项目为中心，持续运营和交互增值，做到项目再小也有自己的品牌。

2. 机制

1）服务机制：项目上线后，企业应持续提供服务。

2）传播机制：管理扁平化，集团与客户中的关键人直接沟通和互动；集团与一线服务人员直接沟通和互动。

3）考核机制：企业应考核上线后的项目状态。

4）分享机制：如果有后续项目，企业应激励相关服务人员。

5）培训机制：企业应对客户关键人持续引导。

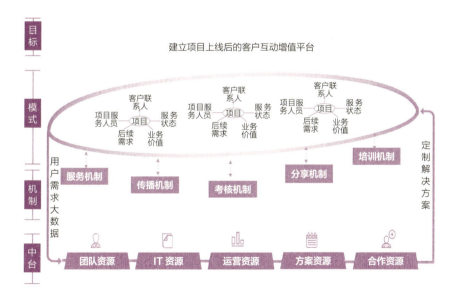

图2-45 客户服务增值平台

3. 中台

1）团队资源：服务团队资源。

2）IT资源：开发数字化平台的资源。

3）运营资源：对企业所有项目上线后服务进行运营的资源。

4）方案资源：关于各种解决方案的资源。

5）合作资源：各类合作伙伴资源。

小结　〉　本节介绍了在数字化时代，实现服务是销售的开始，B2B服务必须做下面三个方面的转型：①构建服务分级支撑体系；②实现服务产品化；③建立客户服务增值平台。

第 3 章

B2C 服务数字化转型

转型破局，再造添翼

∨

2012年和2013年，我在IBM GBS负责国内CRM解决方案时，就有很多企业要做服务再造。那时候，我的建议聚焦在服务产品化、服务生命周期和关键时点的管理上，还是比较务虚和难以落地的，所以项目基本上最后都不了了之。

最近五六年，国内市场经历了IT技术、用户需求和企业管理理念的巨大飞跃，同时我也花了一年半的时间主持了国内最大的服务数字化再造项目，所以在此分享一下自己对服务数字化转型的一些看法。

本节聚焦在如何定位和规划服务数字化转型，介绍了六个方面的内容：①服务数字化转型成为当务之急；②解放思想，重新定位服务；③服务数字化转型涉及的层面；④服务数字化定位：创新还是转型；⑤从战略和业务模式创新上去规划服务数字化转型；⑥支撑服务数字化转型模式的六类创新。

一、服务数字化转型成为当务之急

服务数字化转型推手如图3-1所示。

（1）用户购买习惯的变化　过去的用户更偏重于产品的质量，现在的用户更偏重于产品使用场景中的体验，也就是与用户交互的距离、频度和温度对用户满意度、口碑传播和多次购买产品产生了极大的影响。而传统制造业与用户交互的触点往往就聚集在服务环节。

（2）企业自身需求的变化

1）面对市场的饱和、跨界的竞争、产品同质化、利润率不断下降，以及消费者需求日益严苛等难题，重生产轻服务的模式将难以维持。企业必须得从

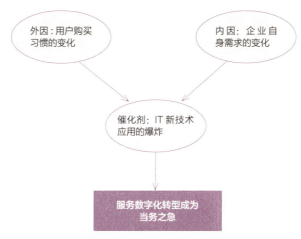

图3-1　服务数字化转型推手

产品驱动型变成用户需求驱动型：①由一次性收入到用户生命周期持续收入；②由片面了解用户到全面了解用户；③由与用户简单交互到深入高频互动。所有这些服务变成最好的抓手。

2）现在企业的估值不仅仅只关注销售额和利润，其中数字化技术的融合，与用户的黏度和交互的频度，以及生态体系的建立等很多因素影响了企业对未来的评判。对很多企业来说，互联网化和生态体系的建立最好的抓手是在服务环节。因为这块最容易提升用户体验，培养多次购买习惯，并通过流量形成自己的生态系统。

（3）IT新技术应用的爆炸　随着移动工具、物联网、大数据、人工智能、社交工具、地图、人脸识别、云技术、区块链等IT技术的普及和推广，使五六年前还是展望的场景变成如今人们习以为常的习惯，也使服务无处不在成为可能。

二、解放思想，重新定位服务

几十年来我们一直认为不需要服务就是最好的服务（产品质量好），或者准时上门、限时完成、一次就好、创造感动等是最好的服务。

"鸡蛋从内打破，是新生；从外打破，是抛弃。"在移动互联的今天，我们

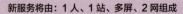

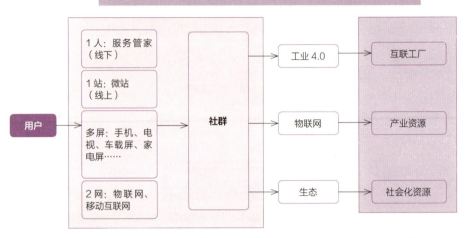

图3-2　新服务

必须解放思想，重新定义好服务。我认为，当今时代，最好的服务像水、空气和阳光一样，人们天天在用，脱离不开，即用户对服务形成一种习惯，成为自然。好服务的三大特征：①服务无处不在；②服务按你所需；③服务潜移默化。

如图3-2所示，未来服务应由1人、1站、多屏和2网组成。

（1）1人　服务管家，就是创客，按人单合一驱动。

（2）1站　微站，就是用户和管家的社群互动平台。

（3）多屏　多屏就是信息交互的界面，以便做到服务无处不在，包括手机、电视、车载屏、家电屏等。

（4）2网　2网就是指信息传输的载体，即物联网、移动互联网。

三、服务数字化转型涉及的层面（图3-3）

很多企业一说到数字化转型，首先想到的是数字化技术。服务数字化转型绝不仅仅是数字化技术的引入。如果仅仅使用了新的数字化技术，可以认为是数字化创新或数字化赋能，但不是数字化转型。

企业要做服务数字化转型，需要做到以下内容：

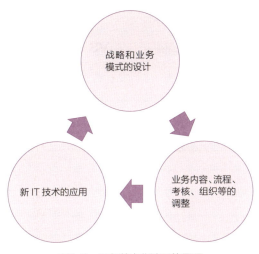

图3-3　服务数字化涉及的层面

　　1）企业一定要事先考虑清楚要做服务数字化转型，还是要做服务数字化创新。如果要做服务数字化转型，企业最高层需要从企业定位和企业战略上规划设计服务数字化转型。

　　2）然后进行模式设计，如业务模式、盈利模式和运营模式等。之后为了支撑这些模式，再进行各类创新和引爆的设计，再往下是组织、岗位、考核、流程等的设计。采用的方法可以是下面介绍的RMB-PT方法。

　　3）在设计流程时，企业要考虑如何通过新的数字化技术赋能和驱动。

　　4）要想实现数字化转型，在原有传统的企业架构中会遇到重重阻力，需要企业有魄力和决心建立驱动数字化转型的自演进组织。

四、服务数字化定位：创新还是转型

　　在服务数字化转型过程中，每家企业的起点和现状不一样，每家企业的诉求也不一样，所以企业可以根据自己的情况，选择去做全面彻底的服务数字化转型，或是聚焦在某一点，做局部的提升和改善，即做数字化创新。

　　如图3-4所示，企业对服务不同的定位，决定了服务数字化的不同方向、

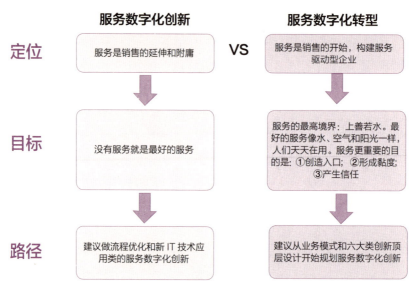

图3-4　服务数字化定位

策略和实现路径。这个没有对错之分，只是企业最高层对服务未来定位的不同而已。

五、从战略和业务模式创新上去规划服务数字化转型

如果企业下决心要做服务数字化转型，即想从战略和业务模式上进行服务数字化变革，以下介绍一种RMB-TP模型（图3-5），通过这个模型可以去设计和规划落地策略和步骤。

步骤1：我们首先要对行业方向和竞争对手进行分析和洞察。我们也可以找到标杆企业，向其学习，但我们不必模仿，因为企业永远无法完全复制其他企业，企业要做的是最好的自己。其次要看看自身的资源情况，看看企业本身最大的优势和可以利用的资源是什么。模式设计最重要的一点是根据企业自身的资源和特点，设计好自己独特和个性化的服务数字化转型方式。

步骤2：我们根据市场洞察和自身资源的情况，设计适合企业自身特点的服务数字化转型的模式。这会涉及六个方面的创新和转型：①服务方式的创新；

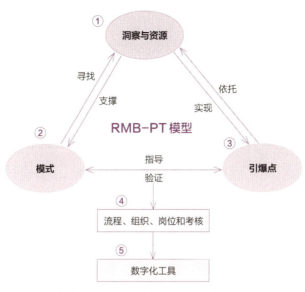

图3-5 规划数字化转型的RMB-PT模型

②盈利模式的创新；③服务人员定位和能力的转型；④服务支撑体系的创新；⑤社群和生态运营创新；⑥数字化工具创新。

　　步骤3：在服务数字化转型中，我们需要设定短期目标，即在半年和一年内我们可以在哪些业务上取得可以量化的提升。

　　步骤4：模式和引爆点确定后，我们通过优化或再造流程、组织、岗位和考核等要素，来确保模式和引爆的业务指标落地。

　　步骤5：最后，通过目前数字化技术，开发相应的工具，快速部署和加快服务数字化转型落地。

六、支撑服务数字化转型模式的六类创新

　　如图3-6所示，企业支撑服务数字化转型模式需要考虑的六类创新包括：①服务方式的创新；②盈利模式的创新；③服务人员定位和能力的转型；④服务支撑体系的创新；⑤社群和生态运营创新；⑥数字化工具创新。

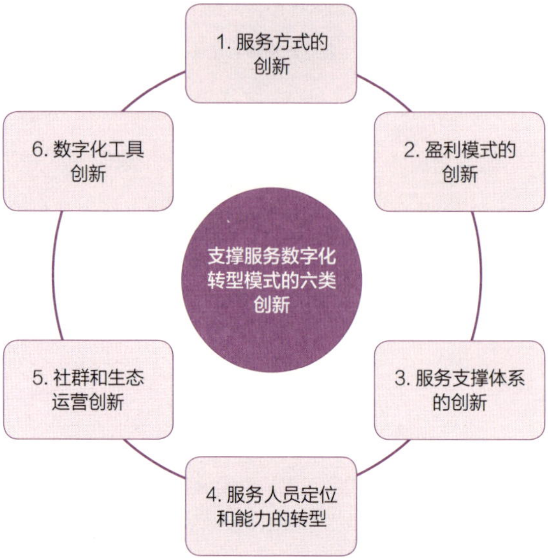

图3-6 支撑服务数字化转型的六类创新

小结 > 本节所介绍的内容主要针对要做服务数字化转型的企业，包括：
①服务数字化转型成为当务之急；②解放思想，重新定位服务；
③服务数字化转型涉及的层面；④服务数字化定位：创新还是转
型；⑤从战略和业务模式创新上去规划服务数字化转型；⑥支撑
服务数字化转型模式的六类创新。

支撑服务数字化转型的六类创新

∨

上节中说到，如果企业想从战略和业务模式创新上去规划服务数字化转型，为了支撑转型的模式设计，我们就需要考虑六类创新：①服务方式的创新；②盈利模式的创新；③服务支撑体系的创新；④服务人员定位和能力的转型；⑤社群和生态运营创新；⑥数字化工具创新。本节主要介绍如何落地这六类创新。

在介绍服务方式创新和盈利模式创新之前，先讲一下导致服务数字化转型失败的一个主要陷阱。要从战略和业务模式上做服务数字化转型的话，在原企业内部推进是非常难以成功的，因为原企业内部对服务的定位和理解限制了服务数字化转型的推进。在"服务是成本中心和没有投诉就是好服务"等理念的支配下，企业内部是没有欲望、资金、资源、组织、机制等支持服务数字化转型的。由于架构顶层设计的问题，一开始就存在巨大缺陷，所以转型总是反反复复，最后无疾而终。下一章中会在构建驱动数字化转型的自演进组织中介绍如何建立与服务数字化转型相匹配的组织。

一、服务方式的创新

要想进行服务方式的创新，一般需要经过五个阶段（图3-7）：

1. 改变服务定位

这点需要理念上的改变，从某种意义上来说，是要企业具备互联网思维。服务不仅仅是通过安装和维修使产品可用，而是持续销售的起点。服务的其他重要使命是：①创造入口；②产生用户黏度；③产生信任。

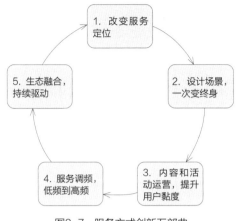

图3-7 服务方式创新五部曲

2. 设计场景，一次变终生

设计服务场景，通过服务触点，把一次性服务转变成长久交互的渠道。由于各个行业服务的内容和流程不一样，场景很难有统一规划和设计。下面以上门维修服务作为一个场景设计的案例。

如图3-8所示，在设计服务场景时，为了能达到预期效果，需要关注以下几点：

（1）数字化工具　为了不影响用户体验，需要在30秒内完成用户绑定和建立持久关联的手机操作。所以，用户端不建议采用App，可以优先考虑微信公众号和小程序。

（2）关注用户体验　不要为了绑定而绑定，一定要融合在服务场景中，让用户感觉到他所做的所有操作都是为了提升他的体验。例如，企业可以利用用户评价、用户查看服务内容等环节，做到无缝绑定和对接。

（3）与现场工程师共赢　再简单的绑定过程也会耽误现场工程师的时间，一定设计利益分配机制，让现场工程师获益，这点至关重要。

（4）引入新IT技术　例如，引入机器人和人工座席等来接管现场工程师线上交互服务，采用数据AI等技术建立主动服务模型等。这样就可以极大地提升交互效率，降低交互成本，做到服务无处不在。

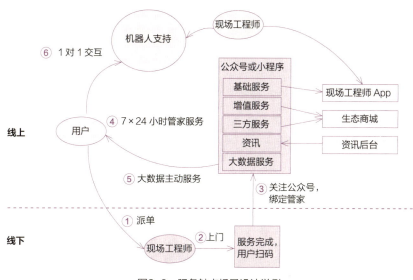

图3-8 服务触点场景设计举例

3. 持续的内容和活动运营，提升用户黏度

在上一步，建立了稳定的用户互动通道后，需要进行持续稳定的内容和活动运营，这样才可能逐渐建立用户的信任。信任是交互增值的基石，所以在内容运营上，我们需要在人员和资金上有足够的保证。在下面"社群和生态运营创新"中会介绍如何整合触点、引爆社群和并联生态。

4. 服务调频：把低频服务转换成高频服务

大部分企业的服务属于低频服务，几个月甚至几年才提供1次服务。由于产品本身的特性，就算是我们如何设计基于产品的增值服务，也不可能变成像餐饮或社交一样的高频需求。低频服务限制了现场工程师对用户需求的深入了解，也制约了用户对现场工程师的强依赖和信任。

所以，我们可以变换一下思路，服务对象由1个用户变成1个物理小区。中国超14亿人口分布在30万~50万个小区和70万个村子中，服务针对个人是低频的，但针对小区是高频的。针对小区为单位的服务具有以下特征：

（1）需求一致性　同一个小区的居民收入水平、居家环境等都比较一致，所以往往会选相似的产品和服务。

（2）**传播快捷性**　同一个小区都有自己的业主群、二手群、兴趣群等，所以相关产品和服务极易口碑传播。

（3）**服务便利性**　现场工程师在同一个小区持续服务的成本是最经济的，服务也是最快捷的。

（4）**产出最大性**　成千上万人的小区能产出的服务需求是巨大和持续的，足以让我们现场工程师全心去经营。

我们没有能力去精耕细作14亿用户中的每一个人，但我们有能力去精耕细作30万～50万个小区中的每一个小区。我们可以把小区作为基础单元，目标不是每个用户都满意，而是每个小区都整体满意。我们可以建立以小区为中心的服务和考核的新模式。图3-9展示的是对以小区为中心的高频交互模式设计的建议。更多内容见下节"引C端用户之水浇灌B端之万物"。

5. 生态融合，持续驱动

通过流量和需求的持续导入，与线下和线上生态融合，形成盈利模式，为

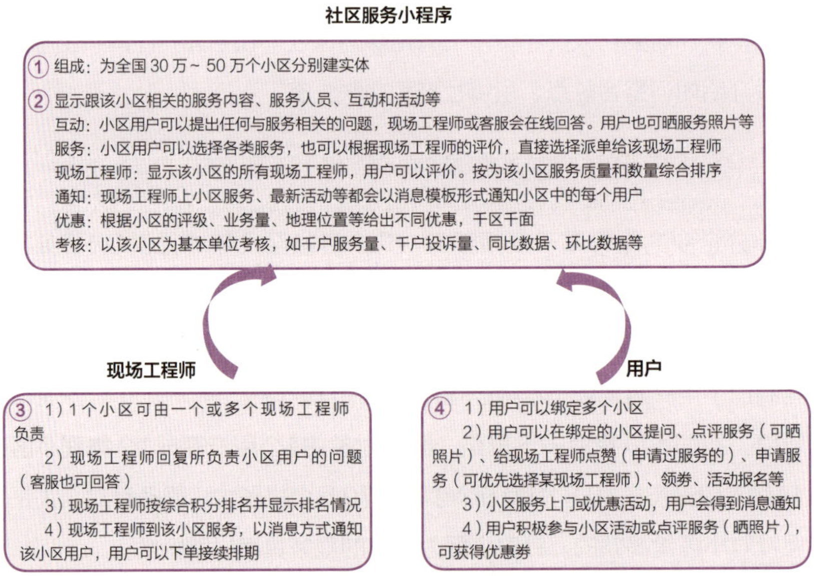

图3-9　对以小区为中心的高频交互模式设计的建议

服务数字化转型提供持续支撑力和驱动力。

图3-10展示了数字化服务流程闭环，展现了企业如何通过服务触点，建立社群运营，与物联网信息对接，促进交互增值，同时与线下店协同，促进产品销售的闭环。具体方式在下节"引C端用户之水浇灌B端之万物"中做详细介绍。

在这第五个阶段中，我们将完成由成本中心向利润中心的转化。

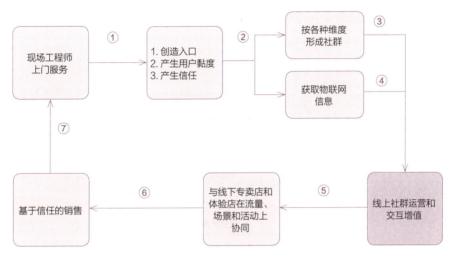

图3-10　数字化服务流程闭环

二、盈利模式的创新

服务如何从成本中心转变成利润中心这个话题自从有服务那天就开始讨论，但转变成功的少之又少。数字化技术为加速服务利润化提供了强有力的支撑。

如图3-11所示，基础服务往往是保内服务，对企业来说是成本。数据和平台服务利润很高，但可望而不可即，因为国家对个人信息的保护和企业品牌对跨领域背书能力的不足，就算是有几千万线上用户的知名品牌，做数据和平台服务业务也是充满风险和难以成功的事。

针对传统企业来说，可以从增值服务和简单生态服务做起。因为想快速取得突破，做到业内前三名的话，就必须依赖自己核心产品的背书，所以从本身产品增值服务做起是比较容易成功的。

如图3-12所示，在服务数字化转型初期，企业可以选择从以下四类相对容易的业务入手：①产品在服务社群销售；②产品相关的增值服务；③服务能力释放，承接社会化服务；④承接定向推广类简单生态服务。

每家企业所处的行业和现状都不一样，每家企业的诉求也不一样，所以具体选择这四类业务中的哪个服务产品和内容，得具体分析。但有一点是肯定的，企业必须在短期（1~2年）取得可量化业绩，比如行业内社群人数第一名或某个增值服务业务量行业排名第一等。

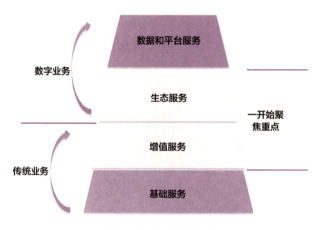

图3-11　服务盈利方式

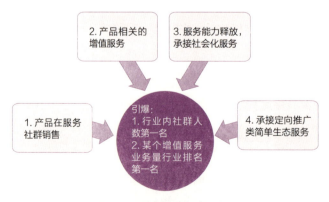

图3-12　服务盈利方式的选择

三、服务支撑体系的创新

前面的内容特意强调了服务数字化转型失败的一个最主要原因：服务支撑体系，即组织架构不支持服务数字化转型。其实，如何强调这一点都不为过，如果从一开始我们就走错了方向，那只会越走越远，最后以失败告终。

在传统企业内部做战略性和模式性服务数字化转型是很难成功的，因为传统企业内部的理念和管理机制就像身体的防御系统一样，会排斥和驱逐这种转型。我们可以把服务数字化转型看成一场新的创业，企业做得越多越深入，对企业内部产生的影响越大，暴露的问题也越多，受到的阻力和非议也越大。所以要想服务数字化转型成功，企业必须在一个新的土壤和环境中培育它。

企业如果要做战略性服务数字化转型，需要构建新的组织架构（图3-13）核心有两点：

1）建立新的服务增值公司，定位于利润中心，其中包括产品增值部、社群运营部、生态合作部和市场推广部等以收入和用户体验为主责的部门。赋予新

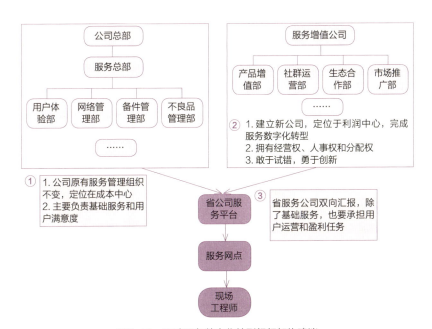

图3-13　驱动服务数字化转型组织架构建议

公司经营权、人事权和分配权，使其自驱动、自组织、自盈利和自演进。

2）省级的服务组织采取双向汇报，既要向原服务平台汇报，也要向新服务增值公司汇报，以便使新服务增值公司在启动时有能力使用原有企业的服务资源。

四、服务人员定位和能力的转型

企业原有的现场工程师基本具备对企业已有产品的安装和维修能力，但如果我们想做交互增值和生态收入，这些能力就远远不够了。销售技巧、沟通能力和社群推广能力是现场工程师必须要掌握的。这就要求现场工程师的定位和能力发生一定的转变，所以我们将面临三个问题：①现场工程师定位的变化；②现场工程师服务能力的升级；③现场工程师考核的转变。

如图3-14所示，现场工程师需要逐渐完成从目前的现场工程师到产品管家，到家庭管家，再到生活导师的转变，也就是我们咨询领域总说的从做客户的仆人到助手到朋友再到导师的转变。我们不要求每个现场工程师都能够提升能力，只要其中一定比例的人员转型成功即可。另外，我们可以从社会上招募一部分精英团队，从而快速完成服务团队的转型过程。

如图3-15所示，现场工程师可以通过四个途径逐步完成服务能力的提升，

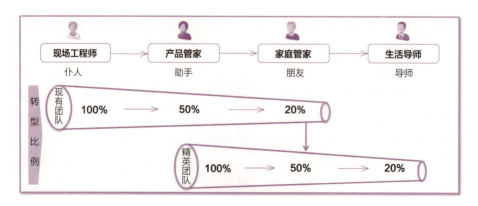

图3-14　现场工程师定位的变化

以满足转型要求。

1）引入新人，构建精英团队。

2）建立如保险公司一样强大的赋能机制和培训团队。

3）通过职业发展途径引导现场工程师进行自我提升。

4）改变考核方式，通过考核这个指挥棒引导现场工程师转型。

如图3-16所示，通过考核这个指挥棒，企业要逐渐引导现场工程师把精力放在从一次性服务变为永续服务上，考核也从只关注服务满意度，升级到社群活跃度上，再升级到用户终生价值上。

图3-15　现场工程师服务能力提升途径

图3-16　现场工程师考核重心的转变

五、社群和生态运营创新

社群和生态运营创新一般通过三个步骤实现：①整合触点；②引爆社群；③并联生态。

1. 整合触点

有的企业可以整合的触点多达数百个，而且跨越很多部门，所以建议开发接口应用包，给各类触点提供标准接口，触点通过调用接口可以直接被整合进来。

图3-17展示了需要整合的五类服务触点。

1）生活场景：产品大屏和语音触点。

2）使用场景：官网、说明书、电器上的二维码触点。

3）社交场景：公众号、微博等社会化媒体触点。

4）服务场景：呼叫中心。

5）移动应用场景：App等移动应用。

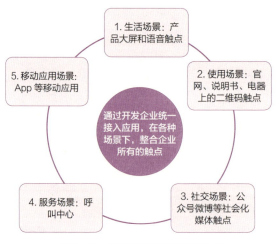

图3-17 需要整合的五类服务触点

2. 引爆社群

图3-18展示了引爆社群的一种方法，即如何在社交网络中快速传播：通过服务代言人的方法。当然，使用这种方法也需要内容运营、激励机制和任务管理等落地措施。更多内容见下节"引C端用户之水浇灌B端之万物"。

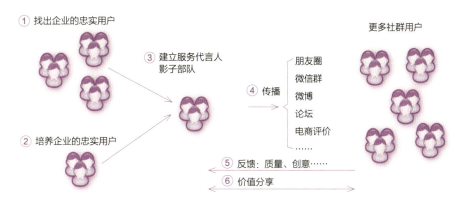

图3-18 服务社群引爆

3. 并联生态

如图3-19所示，企业要想构建服务生态系统，就需要构建新的机制（服务机制、第三方资源机制、考核机制、超值分享机制和终端培训机制）和引进新的资源（团队资源、IT资源、运营资源、产业资源和生态品牌资源）。更多内容见下节"引C端用户之水浇灌B端之万物"。

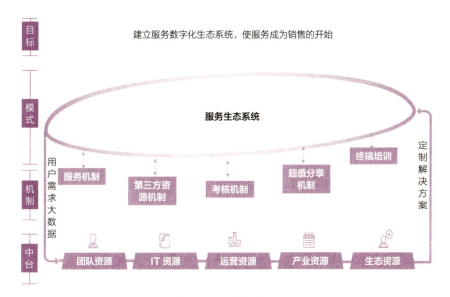

图3-19 并联生态

六、数字化工具创新

如图3-20所示，服务数字化平台一般由三个部分组成：

（1）**服务人员创客平台**　主要用来实现三个转变：①中心化→去中心化；②被动接单→主动创业，③卖货赚提成→经营用户赚佣金。该平台是现场工程师的工作平台、学习平台和创业平台。

（2）**社群生态信息化平台**　该平台是现场工程师、用户和生态合作伙伴交互增值的平台。它主要用来达成用户最佳体验、需求迭代升级，以及将服务收入过渡到平台收入。

（3）**服务数字化云平台**　主数据管理、规则库管理和智慧决策是服务数字化平台的决策大脑和数据容器。

下面举例介绍一下新的IT技术是如何推动服务数字化创新的。

1）**物联网**：在产品上安装传感设备，基于物联网的智能服务，做自动检测、自动诊断、自动反馈。

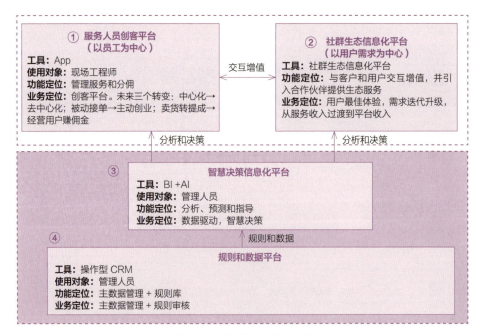

图3-20　服务数字化平台架构

2）移动应用：可以自动记录现场工程师的工作轨迹，可以通过移动设备在距离用户家几百米范围内自动打卡等。

3）地图：高德、百度等免费地图可以用作现场工程师移动端，但要是后台应用，比如给服务网点分派负责的区块，可能要使用企业地图服务，如超图。

4）数据AI：在制造业，数据AI应用一直是个盲点，ERP和其他专业性软件在预测的准确性和易用性上都相差很远。在服务领域的备件预测，在供应链领域的排产规划和产能标定，以及在市场领域的营销预测，都需要大量数据AI应用。

5）云服务：很多产业服务存在淡旺季，所以服务数字化系统是尖峰应用，即旺季的业务量是平时的几倍甚至几十倍，所以它需要即需即供的云服务，这样可以大大节省成本和提升效能。

6）人脸识别：现场工程师上门服务的人单不符现象比较普遍，很大地影响了用户体验和服务质量。企业可以通过人脸识别等技术，确保上门服务的工程师就是派单的工程师。

新时代，新服务，90后、00后逐渐成为消费的主力，他们更重视体验和感受，对服务和购买的要求也不一样。时代在变，服务也需要与时俱进，服务数字化转型是企业迟早要面对的一关。服务数字化转型说难很难，说不难也不难，主要看企业决策者的决心和魄力，只要做好三件事就能成功：①走对路；②选对人；③分好钱。

小结 > 本节介绍了支撑服务数字化转型的六类创新：①服务方式的创新；②盈利模式的创新；③服务支撑体系的创新；④服务人员定位和能力的转型；⑤社群和生态运营创新；⑥数字化工具创新。

引 C 端用户之水浇灌 B 端之万物

∨

由于社交软件和新产品零售的崛起，近些年来，国内对C端的软件应用已经到了极致。但对于B端的软件应用，如ERP、CRM、PLM等，数字化创新和转型的步伐并不大，而且始终没能与C 端打通。但从2018年开始，市场开始聚焦B端应用，阿里巴巴、腾讯等企业巨头，以及高瓴等资本巨头都在布局B端应用市场，今后十年会是B端应用的黄金十年。

无数人在思考如何依靠C端的能力和流量赋能B端应用，从而使企业"弯道超车"，迅速获得B端市场的优势。这方面的需求是实实在在的，而且非常巨大。例如，在制造领域，需要收集海量用户的需求和订单去大规模定制；在研发领域，需要收集用户的反馈和建议去设计；在销售和供应链领域，需要根据用户未来购买意向去制订排产计划。如果企业可以对C端用户进行把控的话，就可以在产品设计上、在定制灵活性上、在产销协同上占据绝对优势。

但从哪一块入手可以"引C端用户之水浇灌B端之万物"，一直是困扰所有企业的难题，至今也没看到有哪家企业可以很好地解决。以我的经验，突破口一定在服务领域。因为企业要引C 端用户之水为B端所用，那前提必须是有地方可以来蓄水，形成一个大的用户蓄水池。以制造业为例，在制造、研发、供应链等领域，极少与用户接触，所以不可能形成用户蓄水池。在营销领域，基本通过电商和卖场去销售，与用户隔着一层，就算自己有专卖店，但在销售过程中，销售人员和客户（注意是客户，不是用户）很难形成信任关系，建立持续的联系。因为很多产品是低频消费，几年内客户不会复购，所以哪怕是通过会员权益等方法，也没有什么吸引力。只有在服务的环节，用户需要了解和关注产品保养信息，如果是维修，用户更是有求于你，你和用户可能会有面对面单独相处的时间，这时候是建立关联和信任，形成用户蓄水池的最好时机。

如图3-21所示，通过三个步骤可以完成"引C端用户之水浇灌B端之万物"：①通过服务创造入口、形成用户黏度和产生信任。②引入用户，形成用户蓄水池；通过持续的内容运营，产生依赖和活跃度。③价值产出，即把用户蓄水池中用户的需求导向企业内部的研发、线下专卖店、产品事业部、工业4.0平台、物联网平台、企业生态平台等。

这里最难的是第一步和第二步，即如何通过服务把用户引进来，以及如何运营用户蓄水池。至于第三步，只要有了用户蓄水池，企业各部门是最了解如何进行价值产出的。

下面介绍如何通过五个步骤来完成引入用户和运营用户蓄水池。

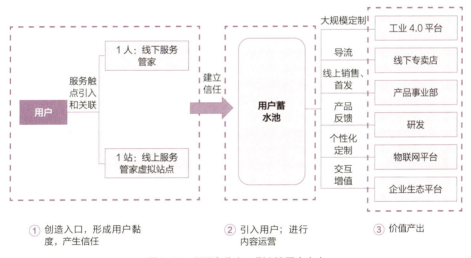

图3-21 以服务为入口引C端用户之水

一、步骤1：去中心化，运营服务人员个体品牌

如果要引用户之水，一定要靠服务人员，而且服务人员还得乐意和积极地做这事，否则引进来的就是死水。如果要想服务人员心甘情愿地做这事，就得让服务人员感觉是为自己做。所以一定要去中心化，从对外是一个集团服务品

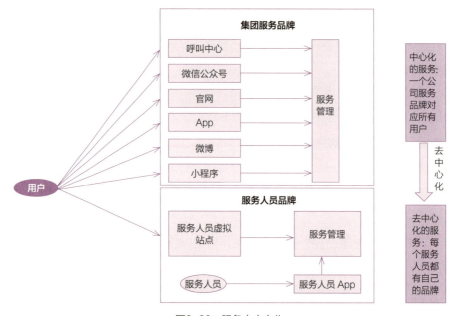

图3-22　服务去中心化

牌，转变为对外是成千上万个服务人员品牌，而服务人员所做的一切都是在经营自己的品牌。

如图3-22所示，通过服务去中心化，服务人员经营自己的品牌。但如果要经营自己的品牌，就得有服务人员与用户建立管家关系这一场景，从而使服务人员经营自己的用户。而且，一旦建立管家关系，对于用户的任何消费，服务人员都可以从中获得相应奖励，这样也会大大激发服务人员运营自己品牌的积极性。

图3-8是以上门服务作为一个建立管家关系的场景示例，通过这个场景，把一次性服务转变成长久交互的渠道。在设计服务场景时，为了能达到预期效果，需要关注的要点在前文图3-8下面已介绍了，此处不再赘述。

二、步骤2：整合触点，构建智慧服务平台

如图3-23所示，仅仅通过服务人员提供服务这一场景引入用户是远远不够的，我们需要整合所有触点、构建服务中台及开发智慧服务引擎。

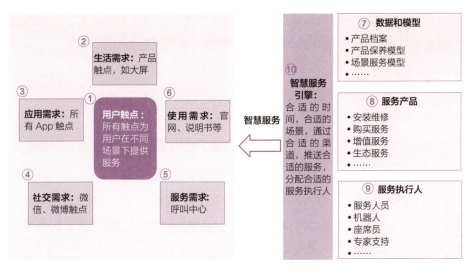

图3-23　整合触点，构建智慧服务平台

（1）整合所有触点

1）生活需求：整合产品上的触点，如大屏。

2）应用需求：整合所有App触点。

3）社交需求：整合所有微信、微博触点。

4）服务需求：整合呼叫中心等语音、短信和邮件触点。

5）使用需求：整合官网、说明书等触点。

（2）构建服务中台

1）数据和模型：单靠服务人员的主动服务是远远不够的，要建立数据驱动机制，通过建立用户小数据来自动触发服务。用户小数据包括产品档案、产品保养模型、场景服务模型等。

2）服务产品：与用户建立稳定链接后，企业为用户提供哪些持续稳定的服务来交互增值，如安装维修、购买服务、增值服务、生态服务等。

3）服务执行人：与用户建立稳定链接后，谁来提供服务，如服务人员、机器人、座席员、专家支持等。

（3）开发智慧服务引擎

服务的提供要做到智能化，要做到服务无处不在，服务按用户所需：也就

是在合适的时间，合适的场景，通过合适的渠道，推送合适的服务，分配合适
的服务执行人。这就需要我们基于用户小数据开发智慧服务引擎。

三、步骤3：服务代言，引爆社群

整合了所有触点，有了智慧服务平台后，我们下一步就是要有自己的忠实
用户，也就是服务代言人，帮我们在社群中传播推广，替我们造势，如图3-24
所示。

（1）**如何找出第一批服务代言人**　建议首先发展服务人员作为第一批服务代
言人。

（2）**如何扩展服务代言人群体**　可以发展企业的忠实会员，如金卡、银卡
会员。也可以叫第一批代言人发展自己身边的亲朋好友来扩展服务代言人群体。

（3）**代言人价值分享平台**　代言人管理必须有一个配套的数字化平台。

1）**代言人管理**：管理代言人申请、批准、升降级、权限等。

2）**任务管理**：给代言人布置各种任务去执行，比如推广任务、活动通知等。

3）**价值分享管理**：需要针对代言人的贡献给予相应奖励。

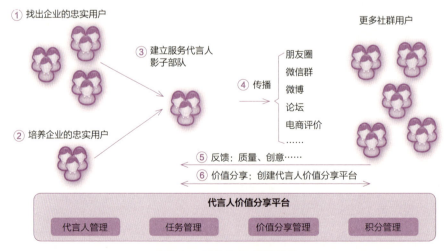

图3-24　服务代言，引爆社群

4）积分管理：通过积分和积分兑换保持代言人的忠诚度和活跃度。

四、步骤4：生态并联，共创共赢

当用户量达到一定数量时，必须并联生态来维持用户的黏度和活跃度（图3-25）。之所以说是并联，而不是构建，是因为绝大多数企业的用户数量不足以支撑自建生态。

（1）内容为王　在生态运营之初，一定是内容为王，而且要通过内容细分用户，把用户分流到不同社群中。

（2）互作伙伴多样化和互补　合作伙伴要多样化，有提供内容的伙伴，有提供产品和解决方案的伙伴，有提供收益的伙伴，生态是需要多样性和互补的。

（3）建立生态价值分享平台　我们是生态规则的制定者和监管者，而不应该是执行者，不必对所有的事都亲力亲为。所以，我们需要建立一个数字化平台，允许合作伙伴来管理自己的用户，提供各自的内容和产品。

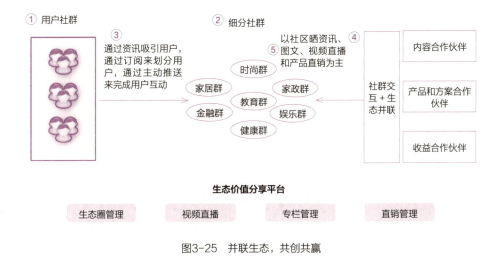

图3-25　并联生态，共创共赢

五、步骤5：服务调频，聚焦小区

这最后一步是针对把用户吸引上来，但活跃度太低的情况。

很多企业的服务是低频服务，几个月甚至几年才提供1次服务。由于产品本身的特性，就算是我们如何设计基于产品的增值服务，也不可能变成像餐饮或社交一样的高频需求。低频服务限制了服务人员对用户需求的深入了解，也制约了用户对服务人员的强依赖和信任。

所以我们可以变换一下思维，服务对象由1个用户变成1个物理小区。中国14亿人口分布在30万～50万小区和70万村子中，服务针对个人是低频的，但针对小区是高频的。

图3-26展示的是某社区服务小程序界面。

1. 小程序功能建议

为全国30万～50万小区分别建30万～50万小区实体。显示小区相关的服务内容、服务人员、互动信息和活动信息等。

（1）互动 小区用户可以提出任何与服务相关的问题，现场工程师或客服会在线回答。用户也可晒服务相关照片等。

（2）服务 小区用户可以选择各类服务，也可以根据现场工程师的评价，直接选择派单给该现场工程师。

（3）现场工程师 小程序上应显示该小区所有的现场工程师的相关信息，用户可以对现场工程师进行评价。小程序按现场工程师为该小区服务的质量和数量综合排序。

（4）通知 现场工程师去小区服务、最近活动等都会以消息模板形式通知小区中每个用户。

（5）优惠 根据小区的评级、业务量、地理位置等给出不同优惠，千区千面。

（6）考核 以该小区为基本单位考核，比如千户服务量、千户投诉量、同比和环比等。

图3-26　某社区服务小程序示例

2. 服务人员相关功能建议

1）1个小区可由1个或多个现场工程师负责。

2）现场工程师回复所负责小区用户的问题。

3）现场工程师按综合积分排名显示。

4）现场工程师到该小区服务，相关的信息应以消息方式通知该小区用户，用户可以下单接续排期。

3. 用户相关功能建议

1）用户可以绑定多个小区。

2）用户可以在绑定小区提问、点评服务（可晒照片）、给现场工程师点赞（申请过服务的）、申请服务（可优先选择某个现场工程师）、领券、活动报名等。

3）有关小区服务上门或优惠活动信息，用户会得到消息通知。

4）用户积极参与小区活动或点评服务并晒照片，可获得优惠券。

小结 > 本节介绍了如何以服务为抓手，通过五个步骤，引C端用户之水浇灌B端之万物。这五个步骤分别是：①去中心化，运营服务人员个体品牌；②整合触点，构建智慧服务平台；③服务代言，引爆社群；④生态并联，共创共赢；⑤服务调频，聚焦小区。

服务商业模式与服务满意度的矛盾

∨

很多时候我们做的管理决策是被压力和恐惧驱动。就像发生事故，大家惊慌失措，到处乱跑，却忽略了正确的方向。在服务上我们追求零投诉、用户百分之百满意，我们总是聚焦在改善流程和服务标准上，但却没有仔细考虑服务管理的方向是否正确，比如说服务的商业模式是否合理，以及服务的标准是否制定得过高。本节和下节将介绍服务的商业模式、服务的标准和满意度的相关内容。

一、传统服务商业模式介绍

现在无数厂家抱怨服务投入越来越多，但用户满意度越来越低，服务人员的荣誉感和忠诚度也越来越差。而且，不管企业如何转型、创新和投入，好像都不见好转。其实追其本源，是服务商业模式出现了问题。也就是厂商和用户与服务网点和服务人员四者利益是对立的，从而导致了不管企业如何投入，服务满意度都很难提升。

如图3-27所示，真正问题出在了服务网点和服务人员的盈利模式上。很多厂商的服务网点采用外包形式。服务网点和服务人员的诉求是收入，但厂商和用户的诉求是体验和满意度。服务网点和服务人员收入的诉求与用户体验和满意度存在很大冲突。

1. 服务网点收入分析

服务网点收入＝工单数×每单平均收费－厂商扣款（如投诉）－员工工资－其他成本

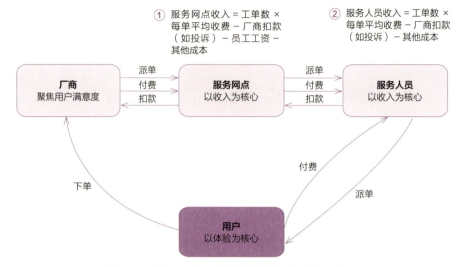

① 服务网点收入 = 工单数 × 每单平均收费 – 厂商扣款（如投诉）– 员工工资 – 其他成本

② 服务人员收入 = 工单数 × 每单平均收费 – 厂商扣款（如投诉）– 其他成本

图3-27 用户、厂商、服务网点与服务人员关系示例

（1）**工单数** 一般服务网点都是有覆盖区域的，所以工单数不会有太大的上升空间。

（2）**每单平均收费** 针对同种服务，每单收费是有标准的。

（3）**厂商扣款** 针对客户投诉等，会有很高的负激励。

（4）**员工工资** 员工工资和社保是一块很高的成本。

（5）**其他成本** 此处主要指采购备件等成本。

2. 服务人员收入分析

服务人员收入 = 工单数 × 每单平均收费 – 厂商扣款（如投诉）– 其他成本

（1）**工单数** 服务人员处理工单的数量体现的是服务能力。

（2）**每单平均收费** 针对每单服务。服务人员是要收取费用的。每单收费是有标准的。

（3）**厂商扣款** 针对投诉等，要对服务人员扣一定费用。

（4）**其他成本** 此处指服务人员采购的一些增值产品的成本。

综上所述，网点和服务人员收入中的这些要素都是有限制和标准的，要想通过这些要素大幅提升网点和服务人员收入，采取的大部分措施都会降低用户满意度和损害厂家利益。我们无须片面责怪网点和服务人员，他们本来就是来挣钱的。就像人们常说的那样，如果机制不对，可能好人也会学坏，所以有可能是我们服务的商业模式出了问题。我们首先要考虑的是找到好的机制可以使网点和服务人员收入与用户满意度成正相关，也就是用户越满意，网点和服务人员的收入越高。

二、新服务商业模式介绍

企业需要新的服务商业模式，如图3-28所示。我们可以通过"三化"的方法来理顺这种模式机制：①服务网点平台化；②服务人员创客化；③收入生态化。

1. 服务网点平台化

服务网点需要重新定位，我们可以整合某个地区若干个服务网点，形成地

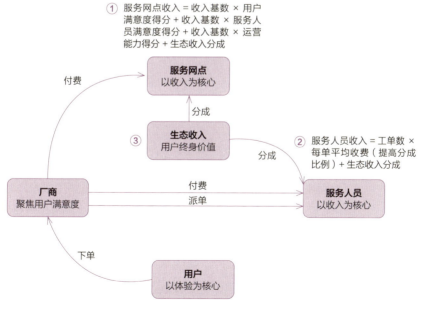

图3-28 新服务商业模式示例

区运营中心，由原来仅仅以服务收费为主，转变为运营整个地区的服务支撑体系（如备件、库房、车辆等），以用户满意度、服务人员满意度、生态体系、活动策划和运营等为主。收入也不再以工单量为评定标准，而是根据运营效果、用户满意度、服务人员满意度和生态收入等综合评定。

2. 服务人员创客化

服务人员创客化，独立经营。厂商直接把工单派给服务人员并直接付相应费用，去掉服务网点这个中间环节，以便大幅提升对服务人员的管控力。每个用户都根据服务关系分配服务管家，今后该用户在生态体系中购买任何东西，该服务人员都可得到分成，从而从简单的一次服务变成经营客户的生命周期。提升服务人员收入中生态收入的比例，比如提升40%，服务人员收入多样化后，为了获得用户持续收入，就会更注重用户满意度。另外，服务网点失去工单造假动力后，服务人员要造假会难度非常大。

3. 收入生态化

我们要给用户提供更多产品和服务，满足用户日常生活的需要。我们可先从自身产品、产品的保养服务、相关备件销售及以旧换新入手，再逐步过渡到一些高频的服务，并且自身品牌容易背书的服务，比如家政、教育、旅游、消费金融等。

小结 > 本节介绍了传统的服务商业模式与用户服务满意度之间的矛盾。并且提出了一种新的服务商业模式，通过服务网点平台化、服务人员创客化和收入生态化来最终建立更合理的服务商业模式，以便提升用户满意度。

如何正确认识和管理服务满意度

∨

上一节介绍的是服务提供方，即厂商由于服务商业模式设计的问题，致使服务网点和服务人员的诉求与厂商和用户的诉求产生矛盾，导致厂商提升用户满意度的努力南辕北辙。本节从用户服务体验的角度，提出如何来换个思路提升用户满意度。

大部分厂商都认为服务标准定义得越高，用户满意度也越高，其实这是一个误区。用户要的是好的服务体验，要的是效果，而不是文字上和宣传上的高服务标准。"洼则盈，敝则新，少则得，多则惑"说明的就是这个道理。厂商将服务标准定得低些，就容易达到要求，而且可以经常创造用户惊喜；将服务标准定得少些，就容易聚焦，容易将服务做得更加完善。

下面让我们看看服务满意度是由哪些因素决定的。

如图3-29所示，用户对服务的实际满意度来源于用户差距，就是用户期望的服务与感知的服务的差距。而绝大多数企业在制定服务标准时是根据企业

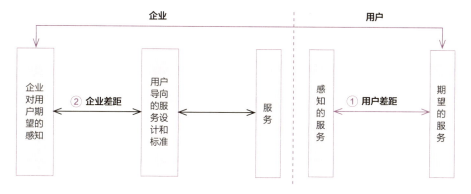

图3-29 用户满意度示例

图3-30　管理服务满意度五步法

差距进行的，即企业对用户期望的感知与目前用户导向的服务设计和标准的差距。因为企业高层站在比用户高很多的层面上，所以他们往往大幅度高估"对用户期望的感知"，制定很高的服务标准，但企业本身能力和资源又跟不上，这些标准又无法很好地满足，从而引起大量的用户投诉。

如图3-30所示，通过五个步骤，我们可以更合理且更有回报地管理用户满意度。这五个步骤分别为：①合理制定服务标准；②适当降低用户期望值；③提升用户忍受阈值和适当为用户创造感动；④理性解决投诉；⑤全面监控突发事件。

一、合理制定服务标准

企业在制定服务标准时一定要量力而行，不需要总和别人比，一定要做最好的自己。服务标准的高度应是企业能达到的，而且还有的10%余力，这部分多余的资源可以用来创造用户感动。反之，如果企业制定了超出自己能力的标准，只能满足90%的用户，那么其余10%的用户就会不满意。因此，企业还不如降低标准，满足所有用户的需求，并且投入资源为其中10%的用户提供增值服务，给他们创造惊喜。

一句话，企业在制定服务标准时一定要有定力，要是标准高于当前企业能力，要么投入更多资源，要么放弃。因此，企业在制定服务标准前，要进行一个系统和全面的服务标准与资源匹配分析。

二、适当降低用户期望值

企业在进行对外宣传服务时，最好不要为了市场效果而夸大服务标准，如果把用户期望值和胃口都吊了起来，但服务又达不到要求，那么市场反馈将是灾难性的。零延误、100%用户满意之类的宣传最好被具体的服务标准和用户权益宣传所替代。用户享受的服务与用户支付的费用成正比，这是商业规律。我们不需要对奥拓的用户承诺奔驰的服务标准，否则要么用户支付不起费用，要么企业承担不了成本。

三、提升用户忍受阈值和适当为用户创造感动

中国是一个人情社会，碰到不尽如人意的服务，用户对熟人的忍受阈值要远远高于陌生人。所以，企业一定要想方法建立服务人员与用户之间的管家关系，一旦用户碰到不满意的服务，其首先想到的是找管家解决，而不是找其他渠道投诉。

企业建立的服务标准要留10%的余地，这部分资源可以直接给一线服务人员自主调动，可以用来为用户创造感动，也可以用来处理用户投诉。如果服务人员有现场处置权，那么现场花1元起到的效果，事后花100元也未必能达到。好事要尽早提供，坏事要尽快解决。

四、理性解决投诉

对待投诉一定要理性，投诉不是什么洪水猛兽，就像人吃五谷杂粮哪能不生病一样，是一种正常现象。处理投诉时要关注两点：一是投诉数量是否在合理的比例范围内，不要把过多的精力放在一两件投诉上，而是要关注整体服务质量；二是一定要区分投诉是否属于恶意投诉，要有标准和原则，要区别对待。该坚持原则的一定要坚持，处理也要尽可能一次到位，否则就是变相鼓励更多的人参与投诉。

五、全面监控突发事件

服务过程中非常容易出现突发事件，企业往往容易被一两个事件的负面影响，打乱整个转型和提升的进程。尤其在移动互联的今天，任何一点火星都可能很快在媒体上引起一场大的灾难。规模较大的企业最好有一个相应的舆情管理团队，在这方面投入一些资金，对突发事件迅速反应，快速处理。就像给企业买保险一样，这笔钱是值得投入的。

小结 > 本节介绍了企业想通过提高服务标准来提升用户满意度的一个误区。此外，本节还介绍了通过五个步骤，企业可以更合理且更有回报地管理用户满意度。这五个步骤分别为：①合理制定服务标准；②适当降低用户期望值；③提升用户忍受阈值和适当为用户创造感动；④理性解决投诉；⑤全面监控突发事件。

第 4 章

构建 CRM3.0 支撑体系

CRM3.0 全生命周期交付法

∨

我从1999年加入Siebel Canada，那时主要做华尔街金融客户的CRM，到2002年回国后，一直给各个行业的大企业做CRM咨询和交付，算上来也有20多年了。我经历过2000年前后国外CRM市场的鼎盛，也经历过2010年前后国内CRM市场的繁盛，直到最近5年CRM市场的寂寞。我认为CRM市场之所以不再火爆，与客户对CRM的期望是分不开的。10年前是信息化时代，那时候关注的是软件，CRM是否成功是以系统上线为标准的；而现在是数字化时代，客户关注的是业务价值的产出，再以原来的方法去交付CRM是行不通的了。

目前，各个公司CRM交付方法与20年前我在Siebel Canada工作时使用的交付方法大同小异。20年前，我们把CRM可以看成一个软件，上线后只要能共享数据和进行自动化流程就可以；但20年后数字化时代的今天，企业普遍把CRM当成在客户管理、市场推广、产品销售、客户服务、渠道管理等各个领域的数字化转型、模式变革和流程创新，企业普遍要求业务价值的产出。所以在数字化时代的今天，CRM交付方法也需要与时俱进。我建议：CRM项目的交付应该有三个方面的转变：①由聚焦软件选型到聚焦数字化创新；②由聚焦软件功能到聚焦业务产出；③由聚焦项目上线到聚焦一个较长周期内的持续投入产出。

目前CRM交付方法最大的缺陷是：只管开发和上线，不管业务产出。现在CRM项目绝大部分的资金和资源都投入到CRM开发和上线阶段，但上线后，资源基本都撤出了，也就是在该好好投入，体现业务产出的时候，企业放弃了投入。企业不要指望二期、三期业务。一期业务效果达不到，之后不一定有二期、三期业务，并且就算有二期、三期业务，做什么都是不靠谱的事。例如，如果花1000万元（不包括版权和硬件）做CRM的话，很多企业会花七八百万元在项目开发上线阶段，之前和之后几年就仅仅支付很少的运维费，其实这种项目从一开始就注定很难成功，因为剩下的二三百万元还不够项目上线之后几年修复系统漏洞和完善性能的，更别提加大投入对业务提升了。所以要做CRM项目，我建议以6年左右为一个周期，花30%的费用在开发上线阶段，其他70%的费用花在开发上线之后的系统运营、优化，以及开发上线之前的规划和设计上。另外，为了达到更大业务产出，企业要引入业务运营。运营的投入可以根据产出按比例分成，所以这部分投入是不确定的。

在数字化时代，我提出全生命周期的CRM交付法供大家参考。全生命周期CRM交付法的核心点是：①CRM由原来以项目上线过程为核心拉长为6年左右为一个持续投入周期；②由原来仅仅关注CRM功能开发上线，变成开发和业务运营并重，关注业务价值产出；③由原来聚焦软件产品选型转变成聚焦数字化创新。

如图4-1所示，全生命周期CRM交付法以2个基本点为基础，通过3个支撑，完成3个转变。

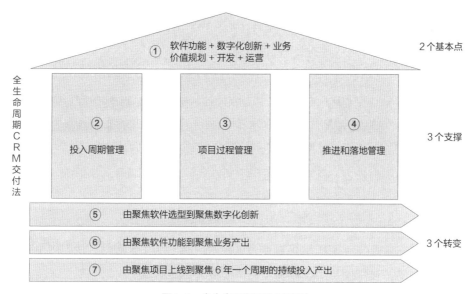

图4-1　全生命周期CRM交付法

（1）2个基本点

1）从交付过程来看，CRM由传统以开发为主，转变为规划、开发和运营三者并重。

2）从交付目的来看，CRM由传统以软件功能为主，转变为以软件功能、业务模式和流程上的数字化创新，以及可量化的业务价值三者并重。

（2）3个支撑点　3个支撑点是下文重点介绍的部分。

1）投入周期管理：介绍了将从项目规划到项目交付，再到上线后1~5年分成几个阶段，以及每个阶段的投入预算。

2）项目过程管理：介绍了CRM在规划阶段、交付阶段和运营阶段的管理方法、流程和交付物。

3）推进和落地管理：介绍了在传统CRM项目管理架构的基础上，企业如何变革来适应全生命周期CRM交付法的要求。

（3）3个转变

1）由聚焦软件选型到聚焦数字化创新：在10年前，CRM仅仅是企业内部员工在用，主要作用就是数据共享和对销售进行有效管理。但最近几年，移动、大数据、AI、社交软件、云、人脸识别、地图等一系列技术的普及，使客户、用户、员工、行为、销售过程等都可以数字化描述，使企业在推广、销售和服务过程中，可以在模式、流程和场景上做各种数字化创新。

2）由聚焦软件功能到聚焦业务产出：CRM交付的很大问题是往往聚焦SOW（Scope of Work工作说明书）的功能，以SOW中功能作为验收和付款标准。实现软件功能和产生业务价值是两回事，而且企业的经营瞬息万变，半年前提出的需求可能早就发生了变化。所以我们把必需的功能和短期内能产生业务价值的功能先上，其他功能每年不断迭代开发。少则得，多则惑，我们要的是业务产出，而不是软件功能。

3）由聚焦项目上线到聚焦6年一个周期的持续投入产出：在投入周期管理中我会详细介绍这个问题。CRM是个马拉松，而不是50米短跑，我们需要的是持续的业务价值产出，所以需要我们持续投入。而不是一次吃饱了，以后就不吃饭了。

以下介绍了全生命周期CRM交付法中三个主要支撑：①投入周期管理；②项目过程管理；③推进和落地管理。

一、投入周期管理

如图4-2所示，一个完整的全生命周期CRM交付法分成七个阶段，持续大约6年。下面所有的预算是指人工费用，不包括硬件购买、版权购买、云服务租赁等。

1. 规划阶段

我不建议把规划和交付放在一起做，建议启动一个独立项目。因为规划一

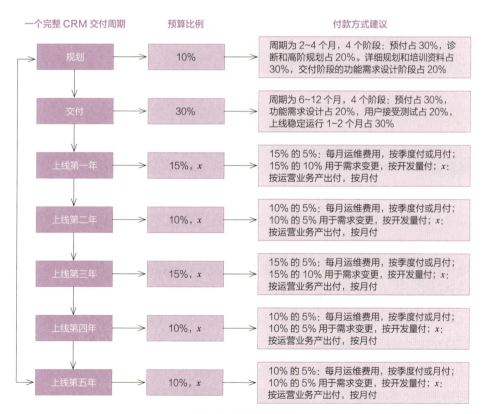

一个完整 CRM 交付周期	预算比例	付款方式建议
规划	10%	周期为 2~4 个月，4 个阶段：预付占 30%，诊断和高阶规划占 20%。详细规划和培训资料占 30%，交付阶段的功能需求设计阶段占 20%
交付	30%	周期为 6~12 个月，4 个阶段：预付占 30%，功能需求设计占 20%，用户接受测试占 20%，上线稳定运行 1~2 个月占 30%
上线第一年	15%, x	15% 的 5%：每月运维费用，按季度付或月付；15% 的 10% 用于需求变更，按开发量付；x：按运营业务产出付，按月付
上线第二年	10%, x	10% 的 5%：每月运维费用，按季度付或月付；10% 的 5% 用于需求变更，按开发量付；x：按运营业务产出付，按月付
上线第三年	15%, x	15% 的 5%：每月运维费用，按季度付或月付；15% 的 10% 用于需求变更，按开发量付；x：按运营业务产出付，按月付
上线第四年	10%, x	10% 的 5%：每月运维费用，按季度付或月付；10% 的 5% 用于需求变更，按开发量付；x：按运营业务产出付，按月付
上线第五年	10%, x	10% 的 5%：每月运维费用，按季度付或月付；10% 的 5% 用于需求变更，按开发量付；x：按运营业务产出付，按月付

图4-2　投入周期管理

旦和交付放在一块做，项目经理考虑的主要就是控制项目范围，保证项目按时上线，而不会去考虑业务价值。如果担心规划的内容在交付阶段无法落地，可以要求规划阶段中的核心成员参与交付前期阶段，把规划的最后一笔付款放在交付阶段功能需求设计书出来后再付。建议规划阶段的预算投入占完整的CRM周期投入的10%，一般用2~4个月，可以分4个阶段付款：预付占30%，诊断和高阶规划占20%，详细规划和培训资料占30%，交付阶段的功能需求设计阶段占20%。

2. 交付阶段

交付阶段是所有做CRM公司最擅长部分，基本上每家公司的方法和步骤都大同小异。建议这个阶段开发上线必要功能和短期能提升业务价值的功能，其他功能放在之后5年持续提升。建议交付阶段预算投入占完整CRM周期投入的30%，一般用6~12个月，可以分4个阶段付款：预付占30%，功能需求设计占20%，用户接收测试占20%，上线稳定运行1~2个月占30%。

3. 上线第一年

基本上所有CRM项目上线后第一年付的费用都非常少，有的甚至第一年免费维护。可能很多公司认为CRM上线第一年应该是最稳定的时期，不应该多付费。这是非常不明智的。往往CRM上线后第一年，甲方才真正开始了解CRM，才开始思考如何改进来产生业务价值，这时如果我们不投入了，效果会很差。这个阶段才是CRM真正产出的阶段，我们一定要多投入。建议上线后第一年预算投入占完整CRM周期投入的15%，也就是CRM交付你花了400万元，那么上线后第一年请准备200万元。其中5%的费用用作每月运维费用，按季度付或月付；另外10%的费用用于需求变更，按开发量付。CRM上线后，我们除了系统运维，还要有业务运营，即有专业团队负责CRM对业务价值的持续产出，这部分费用很难估算，我建议采用对赌形式，即大家把业务价值量化，按产出的比例分成。所以，图4-2中以 x 表示。x：按运营业务产出分成，按月付。

4. 上线第二年

我建议上线第二年的预算投入占完整CRM周期投入的10%，其中5%的费用用作每月运维费用，按季度付或月付；另外5%的费用用于需求变更，按开发量付。CRM上线后，我们除了系统运维，还要有运营，即有专业团队负责CRM对业务价值的持续产出，这部分费用很难估算，我建议采用对赌形式，即大家把业务价值量化，按产出的比例分成。所以，图4-2中以 x 表示。x：按运营业务产出分成，按月付。

5. 上线第三年

上线第三年算是一个中期改版阶段，我们需要多投入些。建议预算投入占完整CRM周期投入的15%，其中5%用作每月运维费用，按季度付或月付；另外10%的费用用于需求变更，按开发量付。CRM上线后，我们除了系统运维，还要有运营，即有专业团队负责CRM对业务价值的持续产出，这部分费用很难估算，我建议采用对赌形式，即大家把业务价值量化，按产出的比例分成。所以，图4-2中以 x 表示。x：按运营业务产出分成，按月付。

6. 上线第四年

我建议上线第四年的预算投入占完整CRM周期投入的10%，其中5%的费用用作每月运维费用，按季度付或月付；另外5%的费用用于需求变更，按开发量付。CRM上线后，我们除了系统运维，还要有运营，即有专业团队负责CRM对业务价值的持续产出，这部分费用很难估算，我建议采用对赌形式，即大家把业务价值量化，按产出的比例分成。所以，图4-2中以 x 表示。x：按运营业务产出分成，按月付。

7. 上线第五年

我建议上线第五年的预算投入占完整CRM周期投入的10%，其中5%的费用用作每月运维费用，按季度付或月付；另外5%的费用用于需求变更，按开发量付。CRM上线后，我们除了系统运维，还要有运营，即有专业团队负责CRM对业务价值的持续产出，这部分费用很难估算，我建议采用对赌形式，即大家把业务价值量化，按产出的比例分成。所以，图4-2中以 x 表示。x：按运营业务产出分成，按月付。

　　CRM项目在五六年后需要重新规划和设计，以应对新的商业环境和业务需求。所以这五六年的CRM生命周期结束后，我们应再开启一个新的CRM交付周期。

二、项目过程管理

　　如图4-3所示，全生命周期CRM交付法由三个阶段组成：①规划；②交付；③上线系统运维和功能迭代，以及上线业务运营。我把几个关键点在图4-3中标出来了。

　　1）在规划阶段就要定出可量化的业务价值指标，比如销售额提升、销售周期缩短、成功率提升等。

　　2）为了保证规划在交付阶段可以落地，可以要求规划阶段中的核心成员在交付前期参与进来，把规划阶段的最后一笔付款放在交付阶段功能需求设计书出来后再付。

图4-3　项目管理过程

3）CRM上线后需要始终监控系统运维指标和业务运营指标，一旦偏离需要马上纠偏。

4）业务运营付款方式建议采用对赌方式，根据业务产出提升的量化价值按比例付款。

下面介绍项目过程管理的三个阶段：

1. 规划阶段

如前面建议的一样，规划和交付最好分成独立的两个项目。因为只要两项合在一起开展，那么项目经理就会以少做功能、准时上线为基本原则，不会仔细考虑提升业务价值的方法。

图4-4展示的是规划阶段，其中重点如下：

1）规划阶段主要分成三个小阶段：①问题诊断和高阶规划阶段；②详细规划阶段；③培训和推广阶段。

2）规划阶段的主要交付物包括问题诊断报告、高阶规划报告、详细规划报

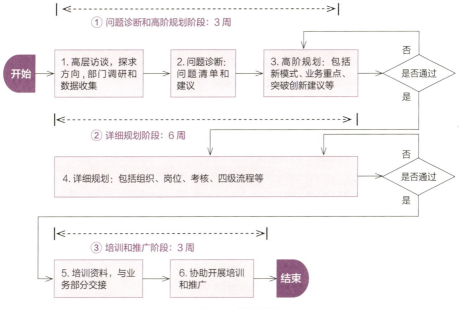

图4-4　规划阶段

告、培训手册和管理表格等。

3）规划阶段交付物包含的主要内容包括：问题清单和建议，新模式、新业务和新创新突破点建议，组织、岗位、考核、四级流程等设计，培训学习内容，以及管理内容等。

4）其他：为了确保规划可以落地，建议规划阶段的核心成员于交付前期参与进来，把规划阶段的最后一笔付款放在交付阶段功能需求设计书出来后再付。

2. 交付阶段

图4-5展示的是CRM交付阶段管理方法示例。交付阶段基本上是目前所有CRM公司的强项，而且管理方法也经过了20多年的实践，所以此处不做过多介绍。

3. 系统运维和功能迭代，以及上线业务运营阶段

（1）系统运维和功能迭代 CRM上线后如何做系统运维，如何得到一线、二线支持，如何进行功能迭代，这些都非常成熟，此处不做更多介绍。

（2）上线业务运营 CRM上线后，如何做业务运营，如何对赌，这部很难

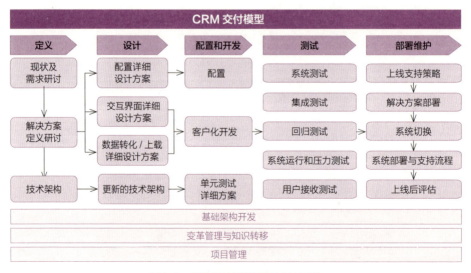

图4-5 CRM交付阶段管理方法示例

有具体模型和公式定义，主要看甲方与乙方的相互信任程度和魄力，一切都得尝试。不过以下提出两点建议：

1）一般来说，乙方大公司很难按对赌协议去做业务运营。因为对赌协议中的回报很难评估，那就对乙方存在很大风险，所以合同审核过程中乙方法务难以通过。

2）如果要做业务运营和对赌，可以由甲方有闯劲、愿意承担风险的人员进行，也可以在市场上找资深的独立顾问进行。

三、推进和落地管理

CRM推进和落地管理主要看项目组织。传统的CRM项目管理主要由项目管理部（PMO）承担。如果是要求系统上线，采用项目管理部管理的方式没有问题；如果是要产生业务价值和持续业务运营，仅采用项目管理部的架构就不太合适了。

如图4-6所示，针对数字化时代全生命周期CRM交付法，为了能产生业务价值，我建议增加如下组织：

（1）CRM指导委员会　如果要想产生很大的业务价值，没有最高层的关注和推动是无法成功的。所以，建议本指导委员会由公司总经理、CRM覆盖业务

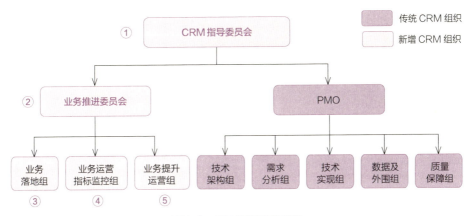

图4-6　CRM项目组织建议

的一把手（如销售一把手或服务一把手）和CIO组成。这个指导委员会的目的就是了解最高层的期望和反馈，得到最高层的首肯，在集团内达成共识。建议在规划阶段2周左右开一次会，在交付和运营阶段可以1～2个月开一次会。

（2）业务推进委员会　业务推进委员会由CRM覆盖业务的一把手（如销售一把手或服务一把手）组成，负责协调各种资源，以便把CRM涉及的各种变革和创新推进和落地。

（3）业务落地组　业务落地组负责具体执行业务变革和落地创新措施。

（4）业务运营指标监控组　业务运营指标监控组负责CRM上线后的所有业务指标的评估和监控。

（5）业务提升运营组　业务提升运营组就是前面说的负责CRM上线后持续运营，通过对赌，产生业务价值的团队。

小结　>　传统的CRM交付方法已经20来年没有太大变化了，在数字化时代，我们应该与时俱进，对交付方法进行创新和变革。本节介绍了如何通过全生命周期CRM交付法来构建数字化时代CRM成功交付体系。聚焦在通过全生命周期CRM交付法，实现如何由聚焦软件选型到聚焦数字化创新，由聚焦软件功能到聚焦业务产出，由聚焦项目上线到聚焦一个较长周期内的持续投入产出。在数字化时代，如何确保CRM能给客户带来持续的业务价值，还需要我们不断在坎坷中摸索前行，希望业内朋友多合作、多分享，引爆CRM大市场，使CRM成为每个企业在数字化转型中的核心战略和必备的数字化平台。

构建驱动数字化转型的自演进组织

目前，很多头部企业意识到未来成功的企业也会是科技驱动型的企业，所以纷纷招CDO，要做数字化转型。本节就如何构建驱动数字化转型的企业做一下讨论。

一、企业数字化驱动

数字化驱动的业务模式转型的五部曲如图4-7所示。

1. 三权：推进数字化转型的必要资源和权力

（1）决策权　此处不是指仅仅赋予CDO或CIO的数字化部门内部的决策权，而是指数字化部门要参与业务部门（市场、销售、制造、研发、供应链和服

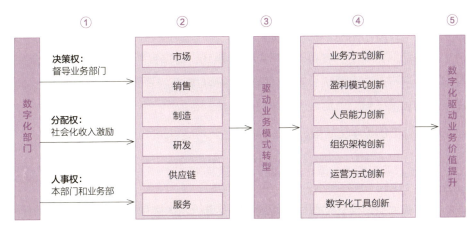

图4-7　数字化驱动的业务模式转型五部曲

务等）的决策，要驱动业务部门通过数字化技术进行业务模式和业务流程的再造。这个需要公司在组织架构和权力决策机制上予以保证。下文会具体介绍如何构建驱动数字化转型的自演进组织。

（2）分配权　一个是指数字化部门要有数字化项目资金投入的分配权，另一个是指数字化部门对员工薪资和奖金的分配权。尤其是后者，要建立自演进的数字化组织，其前提是必须使数字化部门有这方面驱动转型的欲望。转型后的高产出会产生自身的高回报，从而产生推动转型的欲望。但"高回报"这块很难在原公司内部实现，所以需要新建社会化公司来完成。相关具体内容在后面"驱动数字化转型的自演进组织的构建"中介绍。

（3）人事权　除了对数字化部门的人事权，业务部门中与数字化转型相关的岗位也需要人事权。很多公司业务部门本身是有数字化岗或信息岗的，这块会与数字化部门产生冲突，致使很多数字化战略推进发生困难。

2. 对业务的引导和驱动

如果数字化部门仅仅是派人支撑业务部门，那是数字化赋能。数字化部门要和各业务线（市场、销售、制造、研发、供应链和服务等）一起制定数字化战略，并且有相应的组织架构和机制使其贯彻下去，而且要对业务线进行督导和考核，这是数字化驱动。

3. 驱动业务模式转型设计

要驱动业务转型，就得对传统的业务模式，根据最新的数字化思维和数字化技术，进行改造和创新。前文"第3章　B2C服务管理数字化转型"中的"转型破局，再造添翼"以服务数字化转型为例，介绍了企业如何通过RMB-PT方法去规划业务的数字化转型，此处不再赘述。

4. 支撑业务模式数字化转型的六大类创新

为了实现业务模式的数字化转型，需要进行六大类创新：①业务方式创新；②盈利模式创新；③人员能力创新；④组织架构创新；⑤运营方式创新；⑥数字化工具创新。前文"第3章 B2C服务数字化转型"中的"支撑服务数字化转型的六类创新"中，以服务数字化转型为例，介绍了如何进行这六大类创新，此处不再赘述。

5. 数字化转型的业务产出

为了在企业内数字化转型可以得到业务部门的支持，不断投入，不断迭代升级，我们需要在第三步业务模式设计时，就设计数字化转型的短期引爆点和业务价值提升衡量方法。一切都要事先达成共识，一切都要可量化，一切都要拿数据说话。否则就可能由于一些负面事件，致使数字化转型无疾而终。

二、驱动数字化转型的自演进组织的构建

下面介绍一下如何构建驱动数字化转型的自演进组织。我认为信息化部门可以分成三类：①按软硬件应用的功能进行内部划分的传统的信息化部门；②按前台、中台、后台对业务支撑划分的数字化赋能的数字化部门；③按如何有效驱动业务数字化转型划分的驱动数字化转型的自演进组织。

1. 传统的信息化部门

传统的信息化部门（图4-8）是以软硬件功能可以使用为目标的，它和业务融合得较差，往往和业务部门是各说各的话，双方只是在一些与业务相关的信息化项目上有交集。

这种信息化部门在10年前是没问题的，那时候的数字化技术对客户的体验和购买行为产生的影响不大；另外，由于物联网、AI、移动互联、大数据等技术还不普及，对制造、研发和供应链等方面的影响也不大。但在数字化技术已深入到生活的每个角落的今天，仍沿用传统的信息化部门架构，将会使企业在数字化时代逐渐丧失核心竞争力和未来。

2. 数字化赋能的数字化部门

目前，很多头部企业的数字化部门是按前台、中台、后台建的（图4-9），

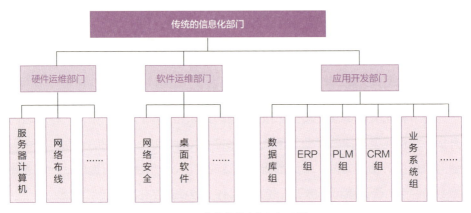

图4-8　传统的信息化部门示例

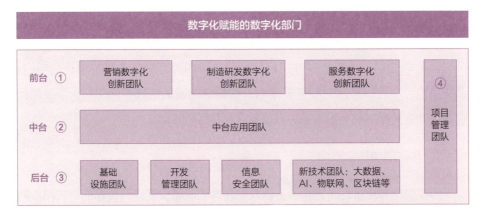

图4-9　数字化赋能的数字化部门

这样构建的最大优势是其直接和业务部门融合，可以通过数字化技术赋能业务部门。数字化赋能的数字化部门与传统的信息化部门的主要不同点体现在前台和中台团队。

（1）前台　前台一般是指数字化创新团队，其与业务平台直接对接，比如分为营销数字化创新团队、制造研发数字化创新团队、服务数字化创新团队。这些团队的目的是了解业务，并把数字化技术应用到业务中。但也存在一个缺陷，因为数字化创新团队依附于业务部门，它的考核往往通过业务团队评价完成，所以它只能赋能业务，但无法引领和驱动业务。

（2）中台　中台把前台使用的功能设计成一个个通用的中心，供前台调用共享，比如用户中心、订单中心、积分中心、工单中心等。

（3）后台　后台提供基础软硬件服务，比如基础设施、开发资源池、信息安全和新技术（大数据、AI、物联网、区块链）等服务。

（4）项目管理团队　项目管理团队为前台、中台、后台项目提供项目管理、项目审计、评估和穿刺等服务。

3. 驱动数字化转型的自演进组织

数字化赋能的数字化部门由于权力不够大、层级不够高和回报不够诱惑，所以可以赋能业务，但无法驱动业务。所以，我建议企业构建一种可以驱动数字化转型并自演进的组织架构。

驱动数字化转型的自演进组织（图4-10）不仅仅要改变数字化部门内部的组织架构，还要对集团层面做调整。

（1）数字化战略委员会　没有企业高层的参与和支持，很多事是推进不了的。所以建议成立数字化战略委员会，由公司最高管理者、各条业务线一把手

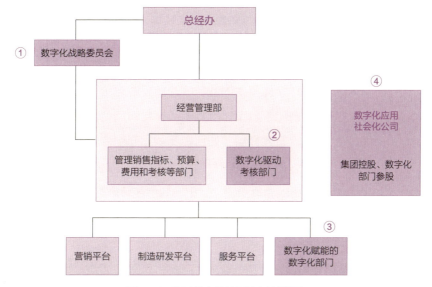

图4-10　驱动数字化转型的自演进组织

和CIO（或CDO）组成。这个委员会的目的就是要设定短期和长期的数字化战略，在最高管理者的督导下，由各个业务线一把手去推进。

（2）数字化驱动考核部门　在经营管理部下设数字化驱动考核部门，给各个业务线设置数字化转型考核指标，并督促和监管。之所以将数字化驱动考核部门放在经营管理部下面，而没有成立新的部门，是因为经营管理部是最有能力、最有经验和最有效率管理各条业务线的部门。

（3）数字化赋能的数字化部门　其组织架构和职能同上文介绍的"2. 数字化赋能的数字化部门"。

（4）数字化应用社会化公司　企业可建立新的公司，把数字化部门的创新工具和解决方案进行社会化推广和销售。建立该公司可解决"回报不够诱惑"的问题。数字化驱动业务转型是需要投入很大精力和承担很大风险的，要给数字化部门足够大的回报诱惑，用以激发推动转型的欲望。但在体制内是给不了这种回报的，所以建议成立第三方社会化公司去解决。这样才能驱动数字化部门根据市场实现自组织、自演进和自收入。数字化产品和方案好不好，市场是最好的试金石，要商业化，在市场上证明自己的产品和方案的价值。通过市场的资金投入和实际磨炼，又能不断地提升本企业内部的数字化产品和方案的完善度和先进程度。

小结　>　本节介绍了数字化驱动的业务模式转型的五个步骤，也介绍了传统的信息化部门、数字化赋能的数字化部门和数字化驱动自演进组织的区别。着重介绍了如何在集团层面构建驱动数字化转型的自演进组织，也就是只有权力够大、层级够高、回报够诱惑，才有可能在集团层面真正建立起驱动数字化转型的自演进组织。

构建企业资源共享平台

˅

从10年前，就有一个问题一直困扰着我。因为我的很多客户是有几万名甚至几十万名员工的大集团，这些集团的高层总是问："我们旗下公司那么多，又跨很多业态，而且管控能力也有强有弱，那我们应该如何在集团内共享资源、协同管理，从而形成合力呢？"我总是回答说要共享客户和产品，而且总是举平安集团的例子，介绍客户经理共享客户信息，可以在客户全生命周期中销售多种产品等。

最近也有朋友问海尔集团的创业孵化平台海创会是怎么运作的，是如何成功孵化企业的。我虽然对孵化平台如何运作并不是很了解，但很多事是有共性的。除去资金、组织建设等，一个集团想提升孵化能力，一定是要把内部资源共享出来，加速被孵化企业的成长。所以这里就头脑风暴一下，讨论如何构建企业资源共享平台。

图4-11展示的是很多年前我给一家客户提的关于集团资源共享建议，服务也是一种产品，所以就是共享客户和产品。我之所以这么写，是因为我也不知道如何做，所以凭着感觉做。

但现在回想一下，我于2003年销售CRM产品时，就拍着胸脯跟客户说："用了CRM，你们公司的销售人员走了也不会带走客户，未来你们公司真正的财富就是数据了。"2008年我负责中国Siebel CRM第一个股份制银行的项目交付时，跟甲方领导说："用了CRM系统，就可以完全做到零售和对公的客户数据共享，成为真正的流程银行。"但这么多年过去了，销售人员走了，仍然带走客户；银行的零售和对公仍然很难协同和共享。所以，我们实现的仅仅是技术和数据上的共享，而不是业务上的共享。

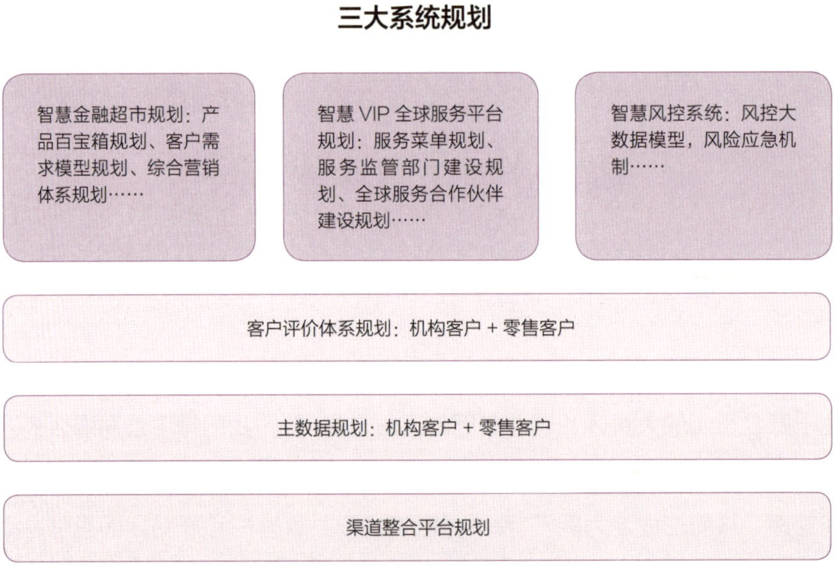

三大系统规划

| 智慧金融超市规划：产品百宝箱规划、客户需求模型规划、综合营销体系规划…… | 智慧 VIP 全球服务平台规划：服务菜单规划、服务监管部门建设规划、全球服务合作伙伴建设规划…… | 智慧风控系统：风控大数据模型，风险应急机制…… |

客户评价体系规划：机构客户 + 零售客户

主数据规划：机构客户 + 零售客户

渠道整合平台规划

图4-11　某集团资源共享建议示例

此后很多年过去了，我也做过一段甲方，能深刻感觉到"靠技术能解决的问题都不是问题"，人的问题和立场的问题才是不可逾越的鸿沟。

一、资源共享的三要素

某种资源，要想在集团内实现共享，我认为必须满足以下三个条件：

1. 利益冲突小

不管你觉得合理不合理，都不要去动别人的奶酪。当你提升能力或扩展边界时，很可能踩到别人的脚。例如，公司全员销售，员工也卖产品时，就很可能影响到了专卖店的生意。员工是轻装上阵，但专卖店有很大的前期投入，那么这种产品资源的共享是否会极大地打击专卖店的积极性呢？我们可以通过定义产品覆盖策略来缓解这个问题，但市场就这么大，有人多卖了，就一定有人少卖。

2. 紧缺、互补且交易过程简单

共享的资源一定是市场上非常紧缺的，如人才、知识、关系、机会等。企业可以通过自身的规模优势，形成群体效应和一个较大势能，从而可以在企业内部持续推动，循环往复。并且交易过程相对简单，比如按每人每天的费用计算，或者按商机金额提佣金等。

3. 参与方都能共赢

不管是资源提供方，还是资源使用方，大家都能有利可图，否则这个游戏是无法进行下去的。

二、通过"三资源"+"三化"构建资源共享平台

图4-12展示了企业资源共享平台包含的"三资源"和"三化"。其中，三类资源既满足资源共享三要素，又对企业成功至关重要。

1. 关系资源

一个大企业有几万名甚至几十万名员工，通过这些员工的人脉，基本可以与企业的大客户的关键人搭建从认识到熟识的关系。但这种可以助力企业永续

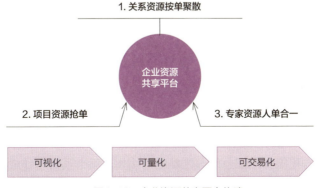

图4-12 企业资源共享平台构建

经营的能力却被大多数企业所忽视，员工的人脉散落在Linkedin之类的软件里。

如图2-31所示，员工的管理能力是可以描述、记录和量化的。相关内容在上文"第2章　B2B销售和服务数字化转型"中的"B2B销售之构建企业核心关系能力（BRM）"一节中有所介绍，此处不再赘述。

2. 项目资源

项目资源共享就是将需要合作的项目拿出来，在资源共享平台上发布合作需求，以抢单的形式，让满足条件的员工或团队来竞争，最终最合适的员工或团队被选中参与该项目，达到合作共赢。

3. 专家资源

专家资源可以是内部的，也可以是外部的，按小时计费。由专门的人或团队维护和运营这些专家资源库。如果是内部的，部门之间结算；如果是外部的，按小时给专家付费。这些专家的费用按其能给项目带来的价值支付，人单合一。

但光有资源是不够的，我们必须有机制保证其能被利用。我们可以通过"三化"，即把共享资源可视化、可量化、可交易化，使资源共享平台运转起来。

4. 可视化

可视化是指把员工脑子里的资源整理出来，放在数字化系统中，使相关人员都可以看到。

5. 可量化

所有资源都可以用数字描述，比如你与A公司王总的关系是非常紧密，还是一般；这个专家收费是每小时500元，还是每小时1000元。

6. 可交易化

资源出让方和接收方都是可以结算的。例如，某个项目合作成功，资源提供方可以分到项目金额的10%等。

　　以上仅仅是头脑风暴，是我提出的一些建议。我相信集团内部资源共享是一个很大很难的议题，其共享的内容和机制需要有魄力的企业领导人去投入、去尝试、去引爆。

总结 > 本节先介绍了资源共享的三要素，然后介绍了如何通过"三资源"（关系资源、项目资源和专家资源）和"三化"（可视化、可量化和可交易化）来构建企业资源共享平台。

第 5 章

案例浅析和
行业随笔

如何从业务价值角度去做 CRM 规划

∨

在开始本节阅读之前，我先声明一下：写案例浅析并不是评判过去的项目做得好还是不好，因为每个项目都有时间局限性，在当前可能有很大的提升空间，但在当时可能是最好的选择。我写这些案例是为了介绍在数字化时代，我们分析和规划CRM的一种新思路。

下面介绍一个CRM经典的整体规划的案例。

图5-1展示了非常经典的CRM规划方法，即水平的CRM规划方法。按战略

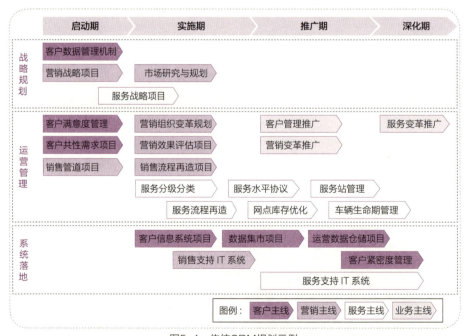

图5-1 传统CRM规划示例

规划、运营管理和系统落地三个维度，从客户、营销、服务和业务四条主线进行CRM规划。

水平的CRM规划方法的优点是考虑得非常全面，覆盖了CRM方方面面，放之四海皆可，可以通过该方法给广谱客户做CRM规划。但这种方法的问题也很突出：

1）不是业务价值驱动，没有业务价值引导，很多时候为了做而做，很多功能产生不了价值。

2）因为从一开始就不知道自己想得到什么，所以无从判断CRM规划是否有用，经常会导致一个咨询做完了又接一个咨询的结果。

那让我们换个角度，从业务价值角度去考虑如何做CRM规划。前文CRM3.0的全生命周期CRM交付法（图4-1）中介绍了如何规划CRM项目。其中提到最重要的转变是由聚焦软件功能到聚焦业务产出。我们先放弃从功能入手的传统方法，而从业务价值入手去规划一下CRM，便可分成四个步骤：探寻、定位、模式和行动。

1. 探寻：从业务分析入手，挖掘核心业务价值提升点

在CRM项目中，绝大多数BA（Business Analyst，业务分析师）都会规避探讨业务，而是从CRM功能上去引导客户，比如爱问客户管理流程是什么，客户购买流程是什么，以及痛点等。这个也很好理解，一是BA会忧虑客户发现自己对业务不熟悉，二是怕把范围扩大，无法结项。但问题是如果我们连方向都没弄清楚，那我们又如何判断细化的CRM功能是有用的？

在以业务价值为导向的CRM规划中，我们首先要了解客户的业务分布，找出客户的核心业务和未来潜力最大的业务，从这些业务中发现哪些地区、哪些领域、哪些行业、哪些产品或哪些方案存在问题。如图5-2所示，企业是在一、二线城市中，核心业务遇到了新势力的巨大挑战。

2. 定位：分析原因，寻找方向

定位过程是个性化的过程，但一般来说，客户业务高层一定会知道原因。

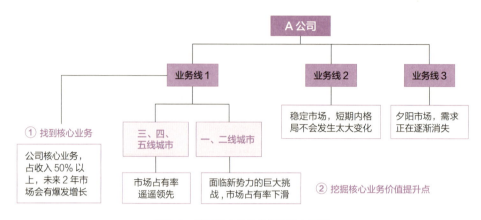

图5-2 挖掘核心业务价值提升点示例

假设公司A是做B2B生意的，在一、二线城市碰到的问题是由于这类项目金额大、周期长。在很多一、二线城市中，竞争对手一般提前几年开始就布局，进行大手笔投入，到招标投标时已形成很大优势，从而使公司A在这些城市中很难赢得大单。

3. 模式：用RMB-PT模型寻找解决方向

我们可以根据RMB-PT（图3-5）来规划实现业务价值。

（1）洞察与资源

分析：我们的能力及与对手的差距。

1）已有资源：A公司"业务线1"由独立事业部负责，一线城市都有独立销售团队和售前团队。

2）洞察差距：主要竞争对手与重点一、二线城市有战略性协议，有固定资产投入承诺，有知名专家团队，提前参与规划。

（2）模式

建议：我们如何转型才能赢得市场。

1）管理模式创新：由分散式的每个一、二线城市销售团队独立打单，变成全国统筹模式。建立全国营销和交付中心，对重点一、二线城市，由营销和交付中心统一协调和管理大客户及项目售前、售中和售后过程。

2）资源协调模式创新：抽调公司内部最优秀的专家团队到营销和交付中心，针对重点的一、二线城市，专家资源由营销和交付中心统筹安排。

3）合作模式创新：除了传统合作伙伴，与各大科研院所、标准组织等建立合作关系，参与其标准制定和预研规划项目。

4）投入模式创新：对营销和交付中心的投入不与项目金额挂钩，不要求短期回报，而是与一、二线重点城市市场规模成正比。

5）人员能力创新：除了公司本身专家团队，建立外聘团队，聘请国内外知名专家，形成强有力的外援。

6）考核模式创新：对营销和交付中心的考核，不以短期销售额考量，而是基于与竞争对手相比，针对一、二线重点城市，在方案上、关系上的优势和紧密程度，以及未来两年孵化商机的大小和数量去考核。

（3）引爆点　未来2~3年从竞争对手手中拿下3~5个一、二线重点城市，同时确保本身拥有的一、二线重点城市不丢。

4. 行动：通过CRM管理模型落地

（1）流程、组织和考核　传统CRM规划，一般第一期都会推荐销售过程管理功能。但我们从业务价值角度去分析，可以发现目前客户急需的是大客户管理功能。所以，我们应围绕着大客户管理去设计流程、组织和考核等相关内容。图2-9介绍了详细的大客户管理之ESP+，此处不再赘述。

（2）数字化工具　这时候才进入数字化平台的选择阶段，也就是软件选型的阶段。所以，我们不做前面的业务价值分析，就无法指引软件选型。企业进行CRM软件选型时，往往自己也不知道怎么做才能实现企业价值，所以通常会对比软件的所有CRM功能和架构，但基本得不出什么结论，因为头部CRM产品功能不会相差太大。但在本文示例中，如果我们聚焦在通过业务价值角度去分析评估，去规划CRM，就很容易得出结论，CRM大客户管理功能是当务之急，以及需要的功能就是围绕如何更好地支持六类模式创新：管理模式创新、资源协调模式创新、合作模式创新、投入模式创新、人员能力创新、考核模式创新。

总结 > 本节介绍了基于业务价值的CRM规划的方法与传统CRM规划方法的不同。并且通过一个案例，从探寻、定位、模式和行动四步介绍了如何运用基于业务价值方法去做CRM规划。

B2B 销售诊断和规划

⌄

本节通过一个案例介绍如何分析企业在B2B销售过程中的问题，如何找到引起问题背后的根本原因，以及如何通过销售过程管理（TAS+）和销售支撑体系管理（MCI）在模式、组织、流程、考核、数字化工具等层面来帮助企业解决问题，提升核心竞争力。

一、问题诊断和高阶建议

（一）现状分析和问题诊断

本案例中的客户是一家大型的上市企业，具有万人左右的规模，销售团队在3000人左右，在全国各个地区都有分支机构，客户分布在电力、金融、政府等很多行业。

如图5-3所示，在问题诊断和高阶建议阶段，我们通过七个方面进行访谈和评估，针对五个方面进行现状分析。这五个方面分别是①客户管理（ESP+）；②销售过程管理（TAS+）；③销售支撑体系管理（MCI）；④交付管理；⑤IT系统。七个访谈与要得出的五个现状评估对应关系如下：

1）管理需求与问题：与客户高层针对客户管理（ESP+）、销售过程管理（TAS+）、销售支撑体系管理（MCI）、交付管理和IT系统这五个方面进行宏观需求和问题访谈。

2）销售业务现状评估：与销售相关人员针对销售过程管理（TAS+）进行访谈。

图5-3　销售诊断和规划——现状分析和问题诊断阶段

3）销售流程现状评估：与销售相关人员针对销售过程管理（TAS+）进行访谈。

4）客户划分现状评估：与销售相关人员和客户管理相关人员针对客户管理（ESP+）进行访谈。

5）解决方案与产品现状评估：针对销售和交付人员进行产品竞争力和交付过程管理的访谈。

6）销售协同现状评估：与销售、售前、服务和交付相关人员针对销售支撑体系管理（MCI）进行访谈。

7）市场竞争现状评估：与高层、销售和售前相关人员了解市场竞争格局和竞争对手情况，为这五个方面的评估提供参照物。

关于IT系统，以上所有访谈中都会了解IT系统现状和支撑能力。

1. 客户管理（ESP+）

现状和问题1：客户划分

- 每个行业、区域的重点大客户定义标准不同，每个团队、每个管理层考虑的内容不一样。有的从几个不同维度去考虑，比如影响力、资金投入程度、需求的连续性。再如，老客户、有钱的客户、需求明确的客户、持续性比较强的客户是A类客户；持续性不强的客户、资金不充裕的客户、需求不强烈的客户是B类客户；没有深入接触过的、信息化程度不强的，但是未来有提升空间的客户，以及从来没有接触过的客户是C类客户。有的就是按上一年度销售收入评估客户等级。而有的是根据当年销售预期来评估客户等级。

- 给销售人员分配客户时，不同分公司和行业部有不同的标准，有先到为主的标准，也有历史原因，或者销售人员自己去资源池里认领客户。

- 目前尚没有统一的客户管理渠道，难以形成对目标客户的整体分析，所以不能系统地判断哪些客户是战略客户、哪些是重点客户、哪些是潜在客户。

分析：客户可分为三级：第一级是基于客户购买产品的权益划分，也就是根据服务等级协议（SLA）划分，这种是客户付出后应该得到的，我们叫权益分级；第二级是基于贡献度、潜力、能赢能做、示范作用等维度综合计算评分而划分，这种往往是为了定义责任关系，即该客户由哪个团队中的谁来负责，我们叫管理分级；第三级是按九宫格划分，往往是为了定义客户战术，如重点要提升哪类客户、维持哪类客户等，我们叫战术分级。但客户的划分往往伴随着利益的再分配，否则起不到效果，所以会是一个大动作。

现状和问题2：客户覆盖和市场开拓

- 区域覆盖中存在大量未发掘的市场，囿于当前的实际现状，尚没有好的商业模式去覆盖，受制于当前团队构成、费用机制与资源，目前没有更多的人力和资金投入到这部分。

- 竞争对手在差异化市场布局，重点项目的价格竞争对公司的相应业务构成极大挑战。

- 依托渠道的业务目前是项目级别的，大部分有渠道参与的项目仍然以厂商销售团队为主。从公司级别发起的渠道体系建设刚起步。

- 部分销售的主要精力放在老客户、现有项目的跟进和维系上，开发市场动力不足。

- 访谈中未采集到统一的市场进攻策略。

分析：市场的开拓和渠道的建设涉及巨大的投入，需要最高层的决心和公司的执行力。而且这是一个渐进的过程，需要一个周期来产生效果。

2. 销售过程管理（TAS+）

现状和问题3：销售阶段和相关动作的管理

- 不同的团队对于各自的市场客户需求有不同的理解，在销售活动中有独特的心得体会和章法套路，个性大于共性。

- 大多数受访对象（不同的团队和销售）善于调用资源支持销售活动，但对在什么时候投入什么样的资源给什么样的客户并未进行明确的区分。

- 不同受访者对于大客户的采购流程都理解，但在对应的销售流程中，对于所处的进度、位置、走向和赢率有不同的感知。

分析：我们支持有丰富经验的销售专家提出的一些个性化方法。但我们必须得在公司层面做到一些关键管理点的统一和最佳实践的固化，如销售阶段、关键动作、打单战略战术、价值主张等。

现状和问题4：销售管理方法

- 运营管理平台主要以关注不同维度的财务表现为主，对实际商业业务层面表现的关注更多地在下属业务单元完成。

- 运营管理平台对业务单元的管理周期从以季度为单位过渡到以周为单位，但采集数据的时效性、规范性和准确性存在挑战。

- 各访谈单元使用各自定义的管理逻辑和工具，在销售管理的节奏上也有差异，其中有周度复盘、不定期复盘等，复盘内容也有差异。

分析：在销售术语的统一，以及在销售的互动机制和回顾机制上我们一定要发力。

3. 销售支撑体系管理（MCI）

现状和问题5：服务资源技能评定、投入与调度方法

• 资源调度过程中不同团队、人员，采用不同的资源分配和调度机制，同时并非所有的团队都采用资源调度机制。没有可遵循和标准化的文件和流程描述。

• 各个项目所能调用的资源和团队有时候依赖于项目销售负责人或者销售经理本身对公司内部的了解和人脉。

• 沟通方式以电话、电子邮件、微信沟通为主。

分析：在B2B销售中方案能力的争夺越来越重要，所以合理有效地调度资源是最快且最容易见效的一个举措。

现状和问题6：从产品到市场的支撑

• 行业部作为承载产品到市场职能的中场，即便对整体业务职能有了规划，但受限于现实的情况，过多地陷入了具体的项目中，分身乏术。

• 知识的积累更多地在每个业务单元的每个人身上，尚未形成统一的整合和分享。

• 某些产品迭代速度慢，一年交付两个版本，难以充分满足市场需求。

• 对于形成规模的需求，目前没有统一的通道由前场传递到后场，仅限于基于项目情况向后场提供零碎的需求。

• 新兴的技术和业务支撑能力微弱。对新兴的技术和业务，如大数据、云计算、虚拟化、态势感知等，企业尚未有可落地的成熟的产品和解决方案支撑，对比竞争对手存在一定劣势。企业在市场中属于跟随者。

• 产品部门相对独立，协同相对有限，对于快速响应、满足行业的综合性的需求有一定难度。

分析：其本质就是中后台资源如何对前场销售过程支撑的问题。

现状和问题7：关于部分业务单元/岗位的定位和责权利

• 矩阵行业与区域的协作效果在不同的区域和行业差异大，通常大区领导所辖范围内的行业区域协作具有良好效果，大区领导沟通顺畅的也具有良好效果。

• 总部与在下属平台的日常协作中，存在有些管控多、有些管控少、有些

管控严，有些管控松的现象。

- 以销售调用技术资源支持销售过程为例，资源的调度存在一定个性化调度的情况，资历老、人脉广、谈判水平高的销售人员/管理者，通常能找到更好的资源。

- 技术资源配比在不同地区和行业有不同的分布和分工方式，需要规范化培训。

- 行业、区域售前技术与销售人员配比通常由各单元管理者确定，部分配比不足，部分配比充裕。对于技术人员分工，有的业务单元分工较细，有的分工较粗，并且存在人员复用情况。

- 售前、售后、实施、产线各个团队对市场、行业、客户、项目的理解不同。

- 现有机制较难统一协调各团队资源形成合力，支撑力量未完全发挥。

分析：其本质就是销售过程中各个岗位如何协同，以及资源如何调用的问题。

现状和问题8：技术团队的能力、效率透明性和有效评价

- 售前技术的绩效参照团队销售业绩达标情况进行匹配。绩效分配的结果目前不能直接反映售前人员的业务表现，无法看到每个售前人员的实际贡献。

- 多数受访的反馈结果为，售前人员的调度与管理参考领导或者协作部门的评价，以定性为主。

- 不同团队技术人员的工作任务分配有不同的办法。例如，根据领导的经验确定，根据人员能力确定，根据销售团队的对应关系确定，根据技术方向确定等。

分析：其本质还是资源有效使用的问题。

4. 交付管理

现状和问题9：交付环节的项目管理和周期，以及质量、成本、满意度有效控制

- 前场考核利润，而交付环节主要采用工时制的协作机制，以及工作量的考核办法，可能造成项目成本增加，影响利润目标达成。

- 如果基线产品部门在项目打单前期就介入方案阶段，可能减少一部分定制实施的项目数量，交付环节难题也可缓解。

- 口碑对于客户复单很重要，交付环节不顺利，销售人员通常充当救火队员的角色。
- 复杂项目交付环节通常涉及多个交付团队，统筹协调的角色目前多数由业务单元的销售负责或由售前承担，但项目总体交付效率和质量的责任没有落实。
- 服务项目完成后工作交接不出去，存在上下游协作的流程空白情况。

分析：交付阶段的问题往往是售前阶段埋下了隐患，但失败的交付又会引起未来销售机会的丧失。其本质还是销售协同的问题。

5. IT系统

现状和问题10：关于业务流程的技术支撑

- 现有的业务系统从销售过程的后半程开始，未全程覆盖。
- 流程中存在线上与线下并行的情况，并未完全实现线上自动流转。
- 系统孤立，并未有效地与其他系统流转对接，部分需要手工操作，存在数据对接的错配情况。
- 流程长，涉及人员多，业务层面的协同机制有优化空间。

分析：需要全流程闭环，最主要还是体现在销售过程管理和销售支撑体系管理上。

（二）聚焦和定位

1. 现状和问题推断

从上面分析出的10个主要问题中，第3~8个问题都是与销售过程管理（TAS+）和销售支撑体系管理（MCI）相关的。只有第1个问题和第2个问题是与大客户管理（ESP+）相关的，但大客户管理涉及客户覆盖和市场扩展，会耗时耗力。由此可见，我们应聚焦于销售过程管理（TAS+）和销售支撑体系管理（MCI）。

2. 行业经验推断

前文第2章中的"B2B销售之不同市场对不同销售管理策略的选择"中介绍

过，在快速成长的市场中，我们应该更多地聚焦在销售过程管理（TAS+）和销售支撑体系管理（MCI）上。而该客户正好处在快速成长的市场中快速成长市场的重点聚焦点如图2-33所示。

（三）纵向穿刺分析

之前对10个主要问题的分析是横向的、面上的。如果我们要聚焦在销售过程管理（TAS+）和销售支撑体系管理（MCI）上，为了稳妥起见，我们得进行纵向穿刺分析，即对销售过程管理和销售支撑体系管理的流程做详细分析，看看是否存在问题。

因为该客户采取矩阵式管理，有本部发起方案型项目、区域发起方案型项目，也有标准产品小型项目，比较复杂，我只以本部发起方案型项目举例。

如图5-4所示，本部发起的方案型项目管理过程暴露了很多问题，总结起来

图5-4　本部发起的方案型项目

就是责权利不清，人人都负责，却又人人都不负责。团队中每个成员都只顾完成自己的任务，不关注项目整体的结果，所以埋下了很多隐患。

如图5-5所示，在本部发起的方案型项目的销售支撑过程中，主要的问题就是复杂、不合理、不透明、刷脸。谁人头熟、职位高，谁就能得到好资源，而并不是哪个项目好，哪个项目就能得到好资源，所以形成了资源和项目的错配。又由于售前资源没有考核工时和成本，所以形成了售前资源的浪费。

通过纵向穿刺分析，验证了我们之前的结论：企业应聚焦在销售过程管理（TAS+）和销售支撑体系管理（MCI）上。

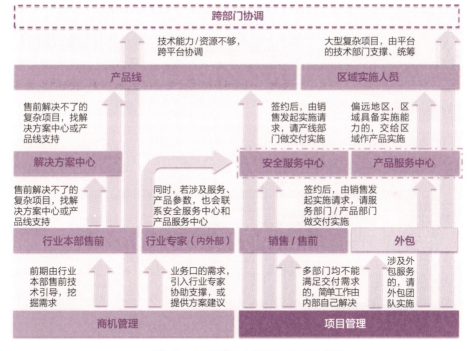

图5-5　本部销售和交付过程中的资源调度

（四）高阶建议

根据前面三步：现状分析和问题诊断、聚焦和定位、纵向穿刺分析，再根据行业经验，我们提出了本期的高阶建议（图5-6）。

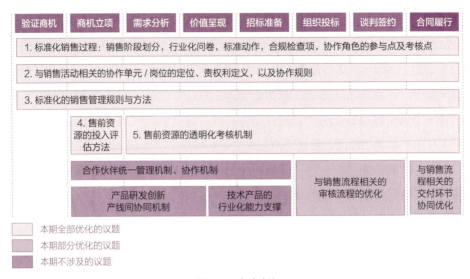

图5-6 高阶建议

1. 本期全部优化的议题

1）标准化销售过程：销售阶段划分，行业化问卷，标准动作，合规检查项，协作角色的参与点及考核点。

2）与销售活动相关的协作单元/岗位的定位、责权利定义，以及协作规则。

3）标准化的销售管理规则与方法。

4）售前资源的投入评估方法。

5）售前资源的透明化考核机制。

2. 本期部分优化的议题：

1）与销售流程相关的审核流程的优化。

2）与销售流程相关的交付环节协同优化。

二、优化建议和详细规划

在问题诊断和高阶建议被客户认可后，我们进入了优化建议和详细规划阶段。下面介绍如何通过销售过程管理（TAS+）和销售支撑体系管理（MCI）模型对业务进行优化。

如图5-7所示，我们进入第二阶段，优化建议和详细规划阶段。本案例将从销售过程管理（TAS+）和销售支撑体系管理（MCI）的优化，组织、岗位和考核的优化，以及管理和业务流程的优化这三个方面给出详细的规划建议。

1）销售过程管理（TAS+）和销售支撑体系管理（MCI）的优化：

- CRM销售模型定义。
- 客户划分建议。
- 销售阶段划分。

图5-7　销售诊断和规划——优化建议和详细规划阶段

- 销售战略战术定义。

- 关系版图定义。

- 竞争对手定义。

- 价值主张与行动计划。

- 阶段问卷定义。

2）组织、岗位和考核的优化：

- 销售角色定义。

- 组织架构调整。

- 岗位职责与考核调整。

3）管理和业务流程的优化：销售流程定义。

通过以上三个方面的优化，我们来实现以下五个方面的任务和业务目标。

1）建立统一、可复制的销售管理机制：建立营销单元销售管理的最佳架构和流程，使管理统一、可复制。企业可不依赖于个人，只需遵循管理机制，前场销售活动即可有效运作。[销售过程管理（TAS+）]

2）优化矩阵行业与区域协作的模式，优化行业资源调度方法：区域中的矩阵行业项目，基于不同的商机级别，采取不同的资源调度策略，应加强矩阵行业与区域的协作。[销售支撑体系管理（MCI）]

3）理清销售活动过程中相关角色的责权利：基于不同的商机级别及协作模式，界定不同销售活动场景中相关角色的阶段化工作活动、协作方式，以及必要的新增考核指标。[销售过程管理（TAS+）]

4）售前资源透明化：建立售前资源调度机制，引入必要的售前管理指标，使售前资源的分配及使用可视化，售前成本量化。[销售支撑体系管理（MCI）]

5）借助辅助管理工具，帮助实现销售预测和过程监测：建立运营管理反馈机制，通过销售管理报表模板，可视化销售机会，实现不同维度销售预测，对销售过程的关键活动进行周期性监测。（数字化工具支撑）

想完成以上任务，生成详细的规划报告，需要完成以下五个步骤：①销售过程管理（TAS+）的优化；②销售支撑体系管理（MCI）的优化；③组织和岗位的优化；④考核指标的优化；⑤管理和业务流程的优化。

（一）销售过程管理（TAS+）的优化

我们根据TAS+模型（图2-16）来优化销售过程，先从静的部分开始。

1. TAS+静的部分个性化定制

如图5-8所示，基于TAS+方法论，结合客户销售活动的典型销售业务进行梳理，定义了以商机金额为主要维度的5类商机、8个销售阶段和4个跨团队协作场景，形成统一的销售活动机制，解决了商机与资源合理、有效匹配的问题。其中，1个模型就是指TAS+模型，但当时人们对该模型定义得还比较简单。

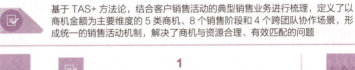

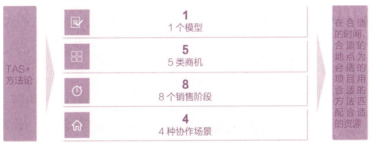

图5-8　TAS+静的部分个性化设计示例

（1）5类商机　商机按金额大小、战略和其他条件分成5类。每类商机等级定义的阈值金额可以根据行业的不同而变化，但类型就这5种，见表5-1。

表5-1　5类商机

商机等级	预测项目金额（元）	战略意义	其他条件
A	200万以上	通常不满足金额条件，但意义重大的项目支持手动升级	公司主导销售过程
B	100万~200万		
C	50万~100万		
D	50万以下		
E	报备商机，快速通道		合作伙伴主导销售过程

（2）8个销售阶段（图5-9） 本案例把项目分成：①验证商机；②商机立项；③需求分析；④价值呈现；⑤招标准备；⑥组织投标；⑦谈判签约；⑧合同履行。同时，通过流程和管控点来提升赢单率，缩短销售周期，管控项目风险。

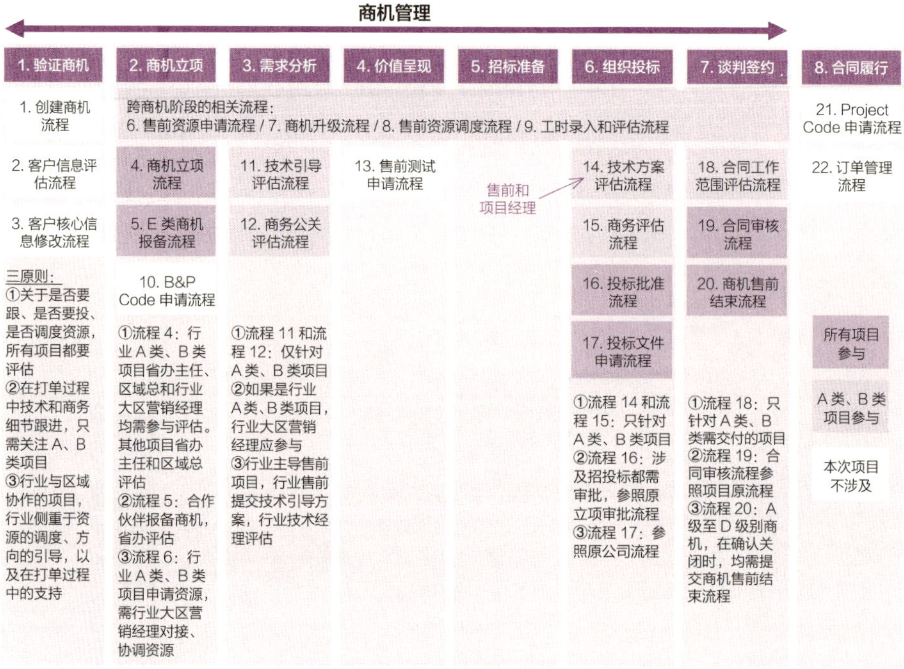

图5-9　8个销售阶段示例

其实仔细查看就会发现，其中很多流程和管控点是属于销售支撑体系管理（MCI），即用来实现：①分层的售前资源调度机制；②售前资源成本核算制；③售前阶段唯一负责制；④售前阶段人人考核制。

所以，销售过程管理（TAS+）和销售支撑体系管理（MCI）往往是相辅相成，融为一体的。

（3）4个跨团队协作场景 4个跨团队协作场景分别是：①行业A类和B类项目协作场景；②非行业A类和B类项目协作场景；③C类和D类项目协作场景；④E类项目协作场景。

第2章讲了相关内容，图2-25展示了行业A类和B类项目协作场景。在项目的8个阶段中，通过不同角色，不同的工作内容，以及在每个内容中每个角色各自承担的工作，定义了整个工作协同场景。

2. TAS+动的部分个性化定制

如图5-10所示，案例中针对TAS+动的部分的个性化设计的原则是：TAS+方法论提供多种适用于机构客户销售的工具，帮助销售人员明确不同销售阶段需要关注的主要议题，根据不同的项目竞争情况制定有针对性的竞争策略和关

TAS+ 方法论提供多种适用于机构客户销售的工具，帮助销售人员明确不同销售阶段需要关注的主要议题，根据不同的项目竞争情况制定有针对性的竞争策略和关系策略，明确该项目独特的价值主张，通过行动计划付诸实践，推进销售阶段至赢单

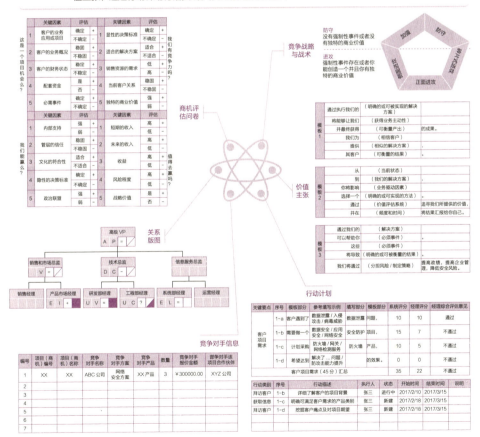

图5-10　TAS+动的部分个性化设计示例

系策略，明确该项目独特的价值主张，通过行动计划付诸实践，推进销售阶段至赢单。

我复盘该案例，对当时的竞争对手信息、竞争战略与战术、价值主张和行动计划比较认同，但对于商机评估问卷和关系版图，我感觉当时设计有问题，另外还有一些重要项目遗失。

（1）商机评估问卷：过于理想化 如图5-11所示，商机评估问卷的设计思想是：商机评估问卷描述该阶段企业需要关注的关键要点和关键信息，生成商机阶段报告。报告中每个关键信息对应1个至多个商机评估问卷问题，并基于该阶段特征进行了细化，作为销售周报模板使用，在帮助销售人员明确销售推进工作的同时，简化销售人员劳动。此外，销售管理人员对报告的评估可作为商机阶段的评估依据，实现统一的销售管理。

商机周报							
客户名称	显示 / 选择						
商机名称	显示 / 选择						
填写日期	选择						
我方人员	选择						
拜访目的	选择						
关系版图							
本周拜访	联系人姓名	部门	职位	决策角色	决策性格	接触频次	关系紧密度
是 / 否	新建 / 更新	选择	选择	多项选择	选择	选择	选择
是 / 否	新建 / 更新	选择	选择	多项选择	选择	选择	选择
商机周报							
阶段报告模板 选择判断题							
其他工作活动							
手动输入							

商机阶段评估报告						
序号	阶段评估内容	销售答案	答案偏差	建议行动	
				行动类别	行动内容
1	阶段评估报告的问题	销售回答的内容	系统满分 - 销售答案得分	该问题对应的行动类别	与答案分值对应的行动建议
2	阶段评估报告的问题	销售回答的内容	系统满分 - 销售答案得分	该问题对应的行动类别	与答案分值对应的行动建议
3	阶段评估报告的问题	销售回答的内容	系统满分 - 销售答案得分	该问题对应的行动类别	与答案分值对应的行动建议
4	阶段评估报告的问题	销售回答的内容	系统满分 - 销售答案得分	该问题对应的行动类别	与答案分值对应的行动建议
5	阶段评估报告的问题	销售回答的内容	系统满分 - 销售答案得分	该问题对应的行动类别	与答案分值对应的行动建议
6	阶段评估报告的问题	销售回答的内容	系统满分 - 销售答案得分	该问题对应的行动类别	与答案分值对应的行动建议
⋮	⋮	⋮	⋮	⋮	⋮
n	阶段评估报告的问题	销售回答的内容	系统满分 - 销售答案得分	该问题对应的行动类别	与答案分值对应的行动建议
阶段报告完整率		已回答问题数量 / 问题总数	是否阶段通过	If（阶段答案评分 > 阶段分数线，"通过"，"不通过"）	

图5-11 商机评估问卷

但通过标准化的问题模型对商机进行评估难度很大，很难仅仅通过一个项目就能总结实现。而且在这个问题上牵扯了太多的资源和太大的精力，而忽略了其他更重要的方面。

少则得，多则惑。我建议用更少且更个性化的问题定义商机评估问卷。例如，标书中的内容是否加入有利于我方产品的技术参数等。这些问题都在老销售人员的脑子里，一经总结就可以生成企业的个性化问卷，甚至不同行业和地区都可以不同。

（2）**关系版图**（图5-12）：**设计有缺陷**　当时采用的是Siebel功能中标准的关系版图。但现在想起来，其实是有问题的：我们没有仔细考虑客户内部的关系和项目内部关系的区别。客户内部是有汇报关系和影响力版图的；商机里只有决策关系，当时我们把这三种关系混为一谈了，我们把应该属于客户的汇报关系和影响力版图都放在了商机中，又把汇报关系和决策关系混在一块管理了。

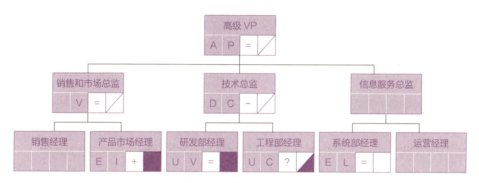

图5-12　关系版图示例

客户和商机应该有三种关系和七类个体画像维度（图2-19）。具体的内容请参考第2章中关于大客户管理（ESP+）和销售过程管理（TAS+）的内容。

（3）**必要条件**：**缺失**　必要条件是指可以确认客户一定要做这个项目的原因。这点是销售人员是否进行商机推进最基本的判断依据。当时没有好好设计这一环节。

（4）**赢单率**：**设计有缺陷**　当时我们采用了通用的根据商机阶段推进而逐渐提升赢单率的方法，但这个方法其实是脱离实际的。很多项目开始乐观，但越到后来越多的竞争对手进入，我们才发现机会渺茫，不存在阶段越往后赢单率越高的情况。而且，赢单率越来越高的假象使我们无法根据其动态变化采取不同策略和行动。

我们可以采用竞争对手对比法来计算赢单率（图2-20），详细方法在第2章中的销售过程管理（TAS+）中有介绍。

（5）督导推进：缺失　销售过程管理绝不是销售一个人的独角戏，当时我们没有好好地设计如何通过主管与销售人们的督导互动机制，使销售过程执行得更有效。

（二）销售支撑体系管理（MCI）的优化

在上面销售过程管理（TAS+）优化中的8个销售阶段介绍中，我们可以看到其中很多流程和管控点是属于销售支撑体系管理（MCI）优化的。下面展示一下我们的优化方法。

1. 分层的售前资源调度机制

原来调度资源过程异常复杂，而且主要靠关系、靠熟悉内部情况和靠职位（图5-5）。现在转变成根据项目等级由矩阵行业本部统一协调（图5-13），大

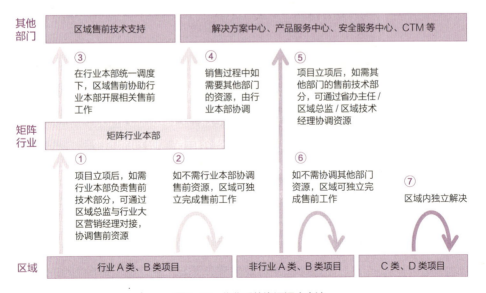

图5-13　优化后的资源调度方法

大降低了资源调用的复杂度，使一线销售人员能把更多的精力放在客户身上。

2. 重点行业方案交付中心制

不管资源再如何有效调用，但只要是分布在各地，不集中管理，由于各自的利益不可能完全一致，就很难产生蜂聚效应，即自组织、自驱动、自演进、自盈利的组织效应。针对公司重点行业和重点方案，我建议把所有资源整合在一起，建立多位一体的交付中心。例如，我原来为一位安防客户建立了五位一体的交付中心，即售前、测试、交付、售后、二次开发一体，针对大项目提供一站式服务，形成整体优势，也就是势能。并且在管理上具有以下特色：

1）项目经理制：全面激活主观能动性。

2）项目范围控制。

3）项目成本管理。

4）全员销售，以服促销。

5）建立解决方案部PMO（项目管理部）制度。

6）可视化管理。

（三）组织和岗位的优化

为了能有效运用销售过程管理（TAS+）和销售支撑体系管理（MCI），我们也帮客户优化了组织结构，增加了四类岗位（图5-14）：①区域——区域行业经理；②区域——运营管理专员；③矩阵行业——行业大区营销经理；④矩阵行业——运营管理专员。岗位定义如下：

1. 行业大区营销经理

行业大区营销经理负责某几个区域的行业业务推广、推进和管理工作，负责该行业在其所负责区域的营销业绩的提升。行业大区营销经理与区域行业经理进行协作，原则上不直接负责客户，主要为区域行业经理提供知识输入，进行咨询交付中心资源协调，以及在商机不同阶段进行支持。

图5-14　组织和岗位优化示例

2. 区域行业经理

区域行业经理负责所在区域的该行业销售机会的发掘和跟进工作，负责所所在区域内该行业的营销业绩的提升。区域行业经理原则上主导所负责区域内该行业商机的商务销售过程，在重点商机中与行业大区营销经理协作，达成商机的赢单。

3. 运营管理专员

运营管理专员负责支持所在销售团队及其相关协作的业务团队，对日常销售过程管理中产生的数据进行汇总、整理、与反馈。

通过设立相关岗位，加强了区域与行业的协作，提升了矩阵行业的营销业绩，同时也加强了销售漏斗和售前资源可视化。

（四）考核指标的优化

为了以考核为指挥棒，引导销售过程管理和销售支撑体系管理，我们也为销售岗和售前岗新加了三个考核维度：①区域行业新签项目合同额（营销业绩）；②售前成本（显差指标）；③售前UT（显差指标）。其中，区域行业新签项目合同额是为了鼓励在重点行业中取得突破的；售前成本和售前UT是为了形成分层的售前资源调度机制和售前资源成本核算制。表5-2展示了考核指标优化。

表5-2　考核指标优化

指标 岗位	区域行业新签项目毛利额（销售业绩）	区域行业新签项目合同额（营销业绩）	项目回款额及比例	售前成本（显差指标）	售前UT（显差指标）
行业大区营销经理		√		√	
行业销售				√	
区域行业经理	√			√	
区域销售				√	
售前技术经理					√
售前工程师					√

（五）管理和业务流程的优化

如图5-15所示，根据优化的销售过程管理（TAS+）和销售支撑体系管理（MCI），优化的组织和岗位，以及优化的考核指标，我们对流程进行了相应的优化。

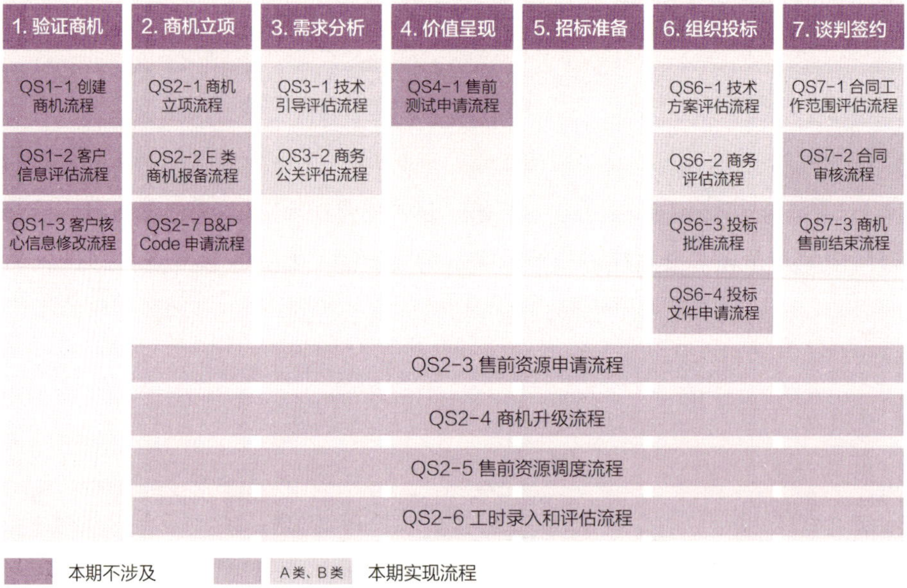

1. 验证商机	2. 商机立项	3. 需求分析	4. 价值呈现	5. 招标准备	6. 组织投标	7. 谈判签约
QS1-1 创建商机流程	QS2-1 商机立项流程	QS3-1 技术引导评估流程	QS4-1 售前测试申请流程		QS6-1 技术方案评估流程	QS7-1 合同工作范围评估流程
QS1-2 客户信息评估流程	QS2-2 E类商机报备流程	QS3-2 商务公关评估流程			QS6-2 商务评估流程	QS7-2 合同审核流程
QS1-3 客户核心信息修改流程	QS2-7 B&P Code 申请流程				QS6-3 投标批准流程	QS7-3 商机售前结束流程
					QS6-4 投标文件申请流程	

QS2-3 售前资源申请流程
QS2-4 商机升级流程
QS2-5 售前资源调度流程
QS2-6 工时录入和评估流程

██ 本期不涉及   ██ A类、B类 本期实现流程

图5-15　管理和业务流程优化

总结 > 本节介绍的规划咨询项目大约花费8周左右的时间（包括后面的培训推广），本项目要想成功，核心点就是把销售过程管理和销售资源调度做到水乳交融，获得最大投入产出，从而对一线销售由管理变成支持和运营。本节通过案例介绍了如何做B2B销售诊断和规划：①现状分析和问题诊断；②聚焦和定位；③纵向穿刺分析；④高阶建议；⑤通过销售过程管理（TAS+）和销售支撑体系管理（MCI）模型对B2B销售的优化；⑥组织和岗位的优化；⑦考核指标的优化；⑧管理和业务流程的优化。

行业
随笔

家电、汽车和房地产行业数字化转型浅析

我在2017年3月到2018年6月间作为甲方负责人主导了海尔10年来最大规模的服务数字化转型项目，在此之后又接触不少汽车和房地产客户，有一个突出的感受就是：家电行业的今天就是汽车和房地产行业的明天，4S店和物业未来的转型道路会和家电行业殊途同归。

让我们回顾一下近几十年来中国几大件的发展变化，就会发现其中的规律。

- 70年代的三大件：手表、自行车、缝纫机。
- 80年代的三大件：冰箱、彩电、洗衣机。
- 90年代的三大件：空调、音响、录像机。
- 2000年后的两大件：汽车和房地产。

现如今，70年代盛极一时的三大件要么退出历史舞台，要么成为小众市场。你会发现产品一旦市场饱和，进入存量市场后，基本就存在两种趋势：

1）被跨界产品和服务打压，只保留小众市场，比如自行车和手表。自行车已被更多跨界的出行工具抢占了大部分市场，原来的凤凰牌自行车和永久牌自行车不知道是否还有人记得。手表的核心计时功能已被各种随身移动工具取代，手表逐渐成为装饰品，不知是否还有人记得上海牌手表。

2）被跨界产品和服务所取代，比如缝纫机。由于服装生产的社会化普及，以及服装成本的降低和居民收入的增加，缝纫机已退出历史舞台。

20世纪八九十年代的几大件是家电，2000年以后是汽车和房地产，它们呈现出了以下同样的规律（图5-16）：

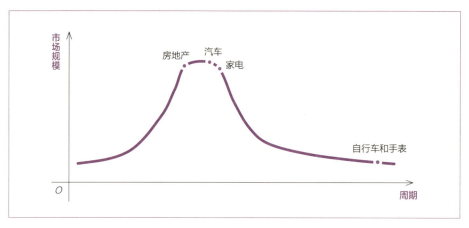

图5-16　房地产、汽车、家电所处市场周期

1）已过市场的顶点或接近顶点，进入存量市场：家电在几年前就已过市场顶点，成为普通的家用产品，早就是红海市场了。汽车已到顶点，开始下滑，面临着残酷的价格战。房地产也接近市场顶点，人口红利已消失，很快就会到达市场顶点。

2）面临着跨界竞争：传统家电产业多年来一直受到像小米这样的互联网企业的冲击，电视市场已被颠覆，小家电也岌岌可危。传统汽车产业近年来也受到新势力造车的强有力竞争，特斯拉总市值突破千亿美元，成全球市值第二大车企。头部房地产企业也全面转型，呈现多元化发展：城乡建设和生活服务商，以及养老地产、文旅地产等。例如，郁亮董事长在股东大会上喊话：十年后万科不再是房地产商，而是城乡建设和生活服务商。所以，万科也必然面临着像阿里、京东、平安和腾讯等生活服务和金融服务企业的强力竞争。

综上所述，家电、汽车和房地产企业虽然提供的产品和服务不一样，但都是提供围绕衣食住行进行服务，本质是一样的。只是家电行业最早进入市场下降期，汽车和房地产行业晚一些进入。家电行业最早进入红海，转型得更早些，那就讨论一下家电行业的经验。

海尔去年改名为海尔智家，海尔的方向是"5+7+N"全场景解决方案。"5"是指家庭空间，包括智慧厨房、智慧浴室、智慧客厅、智慧房间、智慧阳台五个空间；"7"是指全屋洗护、全屋安防、全屋美食、全屋娱乐等七大全屋解决方案；N是指无数种生活场景。所以，大家可以看到海尔要走的道路也是生活方式提供商。这和万科的"城乡建设和生活服务商"殊途同归。

现在的问题不是家电、汽车和房地产企业不知道未来做什么的问题，而是他们不知道如何能达到未来目标的问题，即企业战略不是关注未来做什么，而是如何做才能有未来。

在讨论如何做之前，我们先看看如何做才能永续经营，那就是一定要从产品驱动型企业变成用户需求驱动型企业。以IBM和微软为例，我在20世纪90年代读大学时，IBM是以大型机和中小型机而知名，我于2012年加入IBM时，IBM转向企业应用，以咨询、软件和硬件为核心业务，目前IBM又聚焦在云和人工智能上。微软也是如此，在20世纪90年代，微软是以Windows和Office独霸市场，在数字化时代，微软又转型换道，凤凰涅槃，通过三朵云进入企业市场和云应用，成为和苹果市值相当的万亿级高科技企业。

但如何能实现用户需求驱动型企业呢？如果我们不知道如何做，那所有的企业转型目标都是口号和空中楼阁。我认为实现路径是"3+4+1"，即"三转四化一构建"。

图5-17展示了房地产、汽车和家电企业转型的"3+4+1"模型，即三转四化一构建。

1. "三转"

1）由一次性收入到用户生命周期持续收入。

2）由片面了解用户到全面了解用户。

3）由与用户的简单交互到深入高频互动。

以上三个转变非常容易理解，此处不做深入介绍。难点在于如何实现这三个转变，那便要依靠下面介绍的"四化"。

2. "四化"

家电、汽车和房地产行业的特色就是销售环节是一次性销售，如果要想实

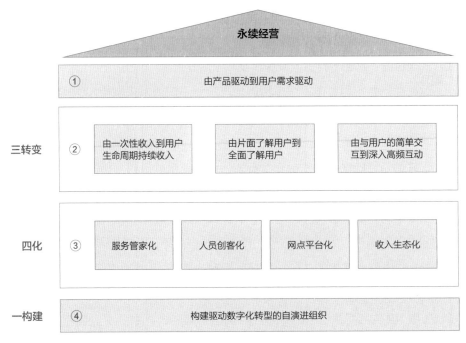

图5-17　房地产、汽车、家电企业转型的"3+4+1"模型

现以上三个转变，核心突破点一定是在服务环节。因为只有在家电维修保养、汽车保养和物业服务环节，才有可能与用户持续接触并持续提供服务，以及逐渐建立起用户对企业的信任和依赖。

我在2012年IBM GBS负责CRM解决方案时，家电行业就在大力进行服务网点转型，汽车行业也在做DMS（Dealer Management System，经销商管理系统）。到今天为止，家电行业还在做网点数字化转型，汽车行业也在做数字化时代的新一代DMS，房地产行业也在逐渐推行物业的合伙人制度。但是十来年来，我们的家电、汽车和物业服务是否有了长足的进步，是否已构建起了企业核心的用户社群和生态平台，服务是否成为企业的利润中心？

直到目前为止，我还没看到哪家家电、汽车和房地产企业做到这点。之所以这样，我认为是我们的方向出现了偏差。我们全力提升和优化服务网点、4S店和物业解决不了根本问题，因为其本身就和厂家是博弈关系，即在市场很好的情况下，这种矛盾不突出，大家都有钱可赚，还保持着斯文和面子；一旦市场下滑，大家都不赚钱时矛盾就马上爆发出来。厂家希望在红海市场中，服务成为提升用户黏度和品牌忠诚度的利器，但往往服务成为诟病和投诉的焦点，变成减分项。目前，家电、汽车和物业行业中就经常出现这种情况。

我在之前服务商业模式和服务满意度的矛盾中介绍了家电行业之所以产生这种现象的原因，就是服务网点与厂商和用户的诉求及利益不一致，这是由本身的服务商业模式决定的，所以任你怎么优化，也解决不了根本问题。我认为汽车4S店和房地产物业也基本是如此情况。

如图5-18所示，家电服务网点、汽车4S店和房地产物业会是企业转型成为用户需求驱动型企业的最大堵点，原因是：

1）家电服务网点、汽车4S店和房地产物业中间分走了过多收入，使服务人员处于相对不公平状态，失去服务主动性和积极性，而用户则失去了更好的服务。

2）家电服务网点、汽车4S店和房地产物业隔绝了厂商对服务人员的直接交互和指挥渠道，使厂商的真正战略意图无法得到有效执行。

3）家电服务网点、汽车4S店和房地产物业隔绝了厂商与用户间的直接沟通，使转型成用户需求驱动型企业成为空谈。

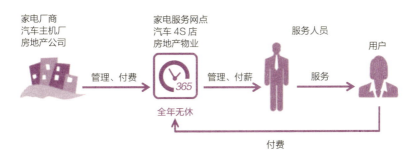

图5-18　传统服务网点、4S店和物业管理模式

所以，家电、汽车和房地产企业会有如下诉求：

1）更扁平和高效的管理。

2）服务人员更高的收入。

3）用户更好的服务体验。

4）服务体系更好地运营。

但如何能满足以上诉求呢？这是众多家电、汽车和房地产企业苦苦摸索的道路。我的建议是通过"四化"解决，即服务管家化、人员创客化、网点平台化和收入生态化，如图5-19所示。

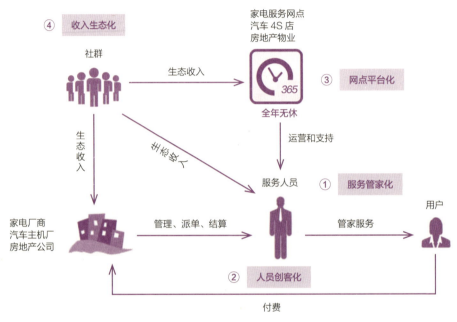

图5-19 "四化"支撑构建用户需求驱动型企业

（1）**服务管家化** 服务管家化是指建立用户和服务人员一对一的管家关系，通过各种数字化技术，让用户感觉提供服务的就是管家本人。服务管家化有四大好处：

1）提升用户体验：可以通过数字化技术，为用户提供7×24小时一对一管家服务，大大提升用户体验。

2）一次性收入变持续收入：管家关系一旦确立，用户的任何生态收入，如家电的清洗和线上销售，汽车的保养和清洗，以及物业提供的家政服务等收入，该管家都可以按比例获得分成，大大提升服务人员的生态收入。

3）提升对用户的全面了解和深度交互：只有用户和服务人员绑定成为管

家关系，由固定服务人员持续提供服务，才能做到对用户的全面了解和深度交互。

4）降低投诉率：用户对熟人的忍耐度要高，有了问题，他第一时间会找管家解决，而不是直接投诉或爆料，这会大大降低投诉率。

（2）人员创客化　人员创客化是指服务人员逐渐摆脱对服务网点、4S店和物业的依附，为自己工作，创建自己的品牌，做到人单合一。想做到这点，最有效的方法就是厂家对服务人员直接派单和付佣，即工作是厂家给的，钱是厂家付的。在开始时可以采用流动服务站等形式，即服务人员购买一辆车，就算承包了一个流动服务网点，企对车派单和结算。服务人员创客化有三大好处：

1）提升服务人员的工作能动性：只有为自己干才能真正激发出服务人员的工作热情和主人翁精神。

2）提升服务人员收入：服务人员与网点的分成比例提升，又有生态收入，而且多干多得，这些措施会大大地提升服务人员的收入。

3）增强服务人员的忠诚度：因为是持续经营用户，干的时间越长，收入越多，而且又是为自己干，所以服务人员的忠诚度会大幅提升。

（3）网点平台化　网点平台化是指网点需要重新定位，我们可以整合某一地区的若干网点、4S店和物业，形成地区运营中心，由原来仅仅以服务收费为主，到运营整个地区的服务支撑体系，工作以用户满意度、服务人员满意度、生态体系建设、活动策划和运营等内容为主。收入也不再以工单量为衡量，而是根据运营效果、用户满意度、服务人员满意度和生态收入等综合评定。服务网点平台化有四大好处：

1）提升用户满意度：服务网点、4S店和物业的收入与用户服务满意度成正比，自然会把更多的精力放在提升用户满意度上。

2）提升服务人员满意度：服务网点、4S店和物业由管理和处罚服务人员转变成帮助和支撑服务人员，这会大大提升服务人员的满意度。

3）提升运营效率：服务网点、4S店和物业的收入与负责地区的运营指标成正比，自然会把更多的精力放在提升地区运营效率上。

4）增加收入：服务网点、4S店和物业可通过合并来扩大负责区域，同时又有生态收入分成，可大大提升其收入。

（4）收入生态化　收入生态化是指厂商为用户引入和运营更多产品和服务，满足用户日常生活的需要，比如自身的公司产品、产品保养服务、第三方的高频产品和服务，如家政、教育、旅游、消费金融等。这些收入将按管家关系分配给服务人员和网点。收入生态化有三大好处：

1）增加服务人员和网点的收入：生态收入将逐渐成为服务人员和网点的主要收入，可以占到全部收入的40%或更高。

2）一次性收入变持续收入：厂商的产品销售是一次性的，只有生态收入才可能是高频的、持续的。

3）提升对用户全面了解和深度交互：只有用户持续购买和使用生态产品和服务时，才有可能实现与用户更全面的了解和更深入的交互。

3. 构建驱动数字化转型的自演进组织

先说说为什么要构建驱动数字化转型的自演进组织。其实原因很简单，"工欲善其事，必先利其器"，目前是数字化时代，就得采用数字化工具支撑。否则都是核时代了，你还用冷兵器，那么战略和战术再正确也没用，因为基础硬件不支撑。

第4章中的"构建驱动数字化转型的自演进组织"中详细介绍过如何构建驱动数字化转型的自演进组织，此处不再做详细介绍了。驱动数字化转型的自演进组织如图4-10所示。我在这里要强调的是企业要想成功，一定要"权力足够大、层级足够高和回报足够诱惑"。如果数字化转型部门连签个合同和做个财务决定都无法做主，那就不要谈数字化转型。据我所知，美的的信息化公司"赛意信息"已独立上市；国内华晨宝马也建立了自己独立的信息化公司"领悦"，目标是内部孵化出数字化时代的独角兽。所有这些都是家电、汽车和房地产企业在思想解放后的巨大进步。

总结 > 本节介绍了家电、汽车和房地产企业数字化转型殊途同归，需要通过"三转四化一构建"来完成转型，脱胎换骨。并着重介绍了"四化"内容：①服务管家化；②人员创客化；③网点平台化；④收入生态化。